RENEWALS 458-4574

DATE DUE

GAYLORD

PRINTED IN U.S.A.

OBRA POÉTICA

II

CM
CLÁSICOS MADRILEÑOS

Esta edición de la

OBRA POÉTICA DE JUAN JOSÉ DOMENCHINA

contiene:

VOLUMEN I

DEL POEMA ETERNO (1917) - LAS INTERROGACIONES DEL SILENCIO (1918) - POESÍAS ESCOGIDAS. CICLO DE MOCEDAD. 1916-1921 (1922) - LA CORPOREIDAD DE LO ABSTRACTO (1929) - EL TACTO FERVOROSO. 1929-1930 (1930) - DÉDALO (1932) - MARGEN (1933) - POESÍAS COMPLETAS. 1915-1934 (1936)

VOLUMEN II

POESÍAS ESCOGIDAS. 1915-1939 (1940) - DESTIERRO (1942) - PASIÓN DE SOMBRA (1944) - TRES ELEGÍAS JUBILARES (1946) - EXUL UMBRA (1948) - PERPETUO ARRAIGO. 1939-1949 (1949) - LA SOMBRA DESTERRADA (1950) - NUEVE SONETOS Y TRES ROMANCES (1952) - EL EXTRAÑADO (1958) - OTROS POEMAS (1936-1953)

JUAN JOSÉ DOMENCHINA

Obra poética

VOLUMEN II

Edición e introducción
de
AMELIA DE PAZ

Presentación a cargo de
EMILIO MIRÓ

EDITORIAL CASTALIA

Comunidad de
Madrid

© Ernestina de Champourcin, 1995
De la edición y la introducción © Amelia de Paz, 1995
© Comunidad de Madrid - Consejería de Educación y Cultura
© Editorial Castalia, 1995
Zurbano, 39 - 28010 Madrid - Tel.: 319 89 40

Ilustración de cubierta: *Guitarra, botella y vaso* (detalle).
© Juan Gris, VEGAP, 1995
Diseño: Víctor Sanz

Fotocomposición: SLOCUM (Madrid)
Impreso en España - Printed in Spain
Unigraf, S. A. - Móstoles (Madrid)
ISBN: 84-7039-715-X (vol. II)
84-7039-713-3 (O.C.)
ISBN Com. de Madrid: 84-451-1051-9 (vol. II)
84-451-1054-3 (O.C.)
Depósito legal: M. 17.102-1995

SUMARIO

OBRA POÉTICA

APÉNDICES

ÍNDICES

DE

POESÍAS ESCOGIDAS

(1915-1939)

Publicado por La Casa de España en México, 1940.

DE
NUEVAS DÉCIMAS
(1933-1939)

(369)

INSOMNIO ESTELAR

¡ALTA soledad de hielo
y roca! Sobre un abismo
de angustias en paroxismo,
¡qué impasiblemente el cielo
5   perfecciona su desvelo
y aquilata su esplendor
para contemplar mejor
el auge de las estrellas...
y sentirse inmune en ellas
10   a la vida y al dolor!

(370)

DON DE POETA

ACASO del nombre puro
derive la pura esencia.
...Pero la difícil ciencia
de esclarecer el oscuro
5   dominio, pero el seguro
distinguir, pero el exacto
decir y el divino tacto
del poeta..., ¡qué agonía
de lucidez, qué porfía
10   de propósito en el acto!

11

(371)

EL SECRETO

Todo está en sentirse en todo
nada eterna, y tan concreto
como el adusto esqueleto,
sobria recta en el recodo.
5 Desperdigándose, a modo
de voluntad irrompible,
¡cuántas veces, imposible
se logra abarcar tu esencia,
sintiéndose en mil conciencia
10 y, en conciencia, indivisible!

(372)

TRISTEZA DEL REPOSO

¿La Vida? Luz apagada.
Cerrar los ojos: sentir
el absoluto dormir
de un existir que no es nada
5 si se entorna la mirada
que lo contempla y advierte.
Porque va a par de la muerte
este reposar profundo
que la luz de todo un mundo
10 apaga en su sombra inerte.

(373)

TARDE

¡Inflexible mediodía!
Como una espada de luz
que se hundiera en el testuz
de una indómita porfía,
5 el sol parte en dos el día.

Y la tarde, ya cobarde
mitad triste, en este alarde
de transparente rigor,
sufre el oscuro rencor
10   de sentirse sola y tarde.

(374)

ROCAS DE MI SOLEDAD

¡ROCAS de mi soledad!
¡Con cuánto escollo agresivo,
con cuánta arista convivo
buscándome mi verdad!
5   Islote de voluntad,
porfía señera y honda.
Volublemente me ronda
todo un mar innumerable
cuya perfidia entrañable
10   me mueve a que más me esconda.

ELEGÍAS BARROCAS
(1933-1939)

(375)

ANGUSTIA DEL CREPÚSCULO

¿DEJAS de ver, azul salobre, tu belleza
de mar imperativa, solitaria, tu lujo
remoto de periplos audaces en reflujo
de adversidad sin sombra de duelo o de tristeza,

5   porque en tus aguas, nómadas innúmeras, la
     Muerte
abandone los rojos violentos de la Vida?
¿No sigues siendo, acaso, inmune, en decidida
vocación de latir, a la zozobra inerte?

Pide el corazón treguas de luz, pide un latido
10 de sol, en esta lúgubre y atónita procela
que enrojece la espuma y el clamor de las olas.

Ya en el límite aciago de un día envilecido,
el alba da el diseño risueño de una vela
como guía de náufragos perdidos y almas solas...

(376)

MEDIODÍA

DÉJALE al corazón su apresurado
latir. Loca premura o cuerda prisa,
que se inflame y se queme en la imprecisa
vocación de un vivir apasionado.

5 Mejor instinto ciego, desbocado,
que lucidez atónica y remisa.
Mejor corto huracán que larga brisa.
¡Nunca un sobrevivir decepcionado!

Gana la juventud del arco tenso
10 y el intenso existir, lo que el extenso
perseverar de la ambición provecta

jamás alcanza: el gozo de sentirse
plenamente viril y el de morirse,
sin extinguirse, con su luz perfecta.

(377)

¡SOLEDAD! ¡Con qué pálidos matices
el sol occiduo esmalta la tristeza
de este vivir que ya a morir empieza,
remoto de pretéritos felices!

5 Nada me dice ya lo que me dices,
presente. Y es tan torpe mi destreza,
que sólo yerros de naturaleza,
fallos de vida, escurre en sus deslices.

Pero si el arte de vivir, que es largo,
10 cortos triunfos ofrece, y adquirirlo
cuesta toda una vida, por experto

me doy, ahora que gusto el poso amargo
de un existir que acoto sin vivirlo
y de una vida que me vive muerto.

(378)

Díme ¿por qué *te estás,* si estando, sólo
estando en ti, no vuelves en ti, y sufres
ese yacer violento que te tiene,
cara a todos, en sitio de agonía?

5 ¿Por qué no te dispersas y abandonas?
¿Por qué sólo raíces de ti mismo
te nutren? Tu razón, en desazones
continuas, te moteja de soberbio.

Ayer, fruto en agraz, hoy sazonada
10 pulpa, mañana ya lastre serondo,
¿no sientes tú caer, tus soledades?

Desde Dios a tus dioses, de tus dioses
a tus entrañas, ¡qué descendimiento
de eternidad en alma de hombre solo!

(379)

¡Ay –alta, altiva, altanera–
voluntad, cómo te creces:
qué bien vives y mereces
tu savia de primavera!

5 Pero ¡qué firme, qué entera,
qué inmisericorde a veces
con esas vidas que meces
y cantas a tu manera!

¡Cómo sabes lo posible
10 del designio, lo infalible
del tesón! ¡Cuánta alegría

derrochas en tu quehacer
inalterable de hacer
perfecto y redondo el día!

DESTIERRO

SONETOS.
DÉCIMAS CONCÉNTRICAS
Y EXCÉNTRICAS.
BURLAS Y VERAS CASTELLANAS.

Publicado por la Editorial Atlante, México, 1942.

En recuerdo de Castilla, que hizo a España, dedico estas elegías y evocaciones a mis amigos mexicanos.

PALABRAS DE «AZORÍN»

LA CORPOREIDAD DE LO ABSTRACTO
DOMENCHINA

SATURIO Bell *es un poeta excepcional. Lo es porque dispone de una considerable fortuna. Puede ser poeta en las cuartillas y puede serlo en la vida. Saturio Bell, con el libro de Juan José Domenchina entre las manos, medita. Cerca, sobre la mesa, tiene un globo terráqueo. El libro de Domenchina que hace meditar a Saturio Bell es el volumen en que el poeta ha reunido todas sus poesías. Saturio Bell se siente interesado por Domenchina. El punto de partida para sus meditaciones se lo dan las críticas volanderas de Domenchina. Le interesa Domenchina como un problema de química o de astronomía. Considera con atención las intensas reacciones de Domenchina ante un libro. Uno de los hombres más finos del siglo XVIII francés, Vauvenargues, ha escrito:* C'est un grand signe de médiocrité de louer toujours modérément. *La extremosidad en el elogio implica fatalmente la extremosidad en la censura. Domenchina reacciona intensamente ante un libro. Su temperamento vibra. Saturio Bell conoce los elogios excesivos tributados por Domenchina al más notorio de los nominalistas españoles, y las censuras igualmente excesivas fulminadas contra el menos nominalista de nuestros noveladores. Y, sin embargo, Domenchina no es un nominalista. Domenchina no hace de la palabra un fin, sino que se sirve de ella como un medio. Y en este punto de la meditación Saturio Bell vuelve la vista hacia el globo terráqueo. En las tapas color de tártaro –el tártaro de los espesos vinos de Levante– pone con letras doradas:* Juan José Domenchina. Poesías completas. *Tiene entre las manos Saturio Bell la obra total de un sensitivo. Sería improcedente, pensando en Domenchina, pedir –con más o menos vehemencia– que un sensitivo fuera un intelectual o que un intelectual fuera un sensitivo. El sensitivo reacciona según su sensibilidad. Si la sen-*

21

sibilidad es fina, delicada, honda, como en el caso de Domen-
china, la reacción se producirá con energía en uno o en otro sen-
tido, ya favorable o ya desfavorable. El libro de Domenchina está
encuadrado en dos soberbias páginas de Juan Ramón Jiménez,
prólogo y epílogo. ¿Dónde leerá reposadamente este libro Saturio
Bell? Lo ha repasado a escape. La primera y rápida lectura le ha
hecho contraerse espiritualmente con un movimiento de gra-
vedad. Todo en la estancia estaba en silencio y todo era sencillo y
claro. En el silencio y en lo claro, el espíritu de Saturio Bell se
sentía embargado por la gravedad. El libro de Domenchina se le
ofrecía vario y complejo. Siempre que tomaba en las manos un
libro, Saturio Bell sentía desde el primer momento ansia de redu-
cirlo a una fórmula sistemática. Y toda esta complejidad y
variedad del libro de Domenchina ¿cómo podría él sistemati-
zarla?

Saturio Bell realizaba cada año un largo viaje. El lugar visitado
no lo determinaba él; lo determinaba un libro preferido. Elegido el
libro –novela, poesía o ensayo– el poeta se imponía el deber de
leerlo en su ambiente adecuado. Había visitado ya, con un libro, un
libro dilecto, los más lejanos países. Había estado, como Regnard,
en la Laponia, en una selva americana, en un convento de Tíbet, en
una islita de Oceanía, como Stevenson y como Pablo Gauguin.
¿Dónde iría Saturio Bell a leer la suma poética de Domenchina?
Las poesías completas de Domenchina van precedidas de un doc-
trinal poético en forma de aforismos. La primera y ansiosa lectura
había sido insuficiente para determinar el lugar adecuado a la lec-
tura definitiva. Todo se presentaba confuso en la mente de Saturio
Bell. Su espíritu vagaba por los más distantes países y la vista la
tenía posada en el globo terráqueo. Iba leyendo Saturio Bell las
máximas estéticas de Domenchina. Acaso en ellas encontrara un
indicio para su peregrinación. ¿Bajo qué cielo leería estos poemas?
¿Inmerso en qué luz? ¿Circuido de cuál paisaje? «Ignorar y con-
cebir no es misión de poetas, sino de feminidades selváticas», dice
Juan José Domenchina en su doctrinal. Estas palabras dejaban
absorto largo rato a Saturio Bell. No sabía si las comprendía bien.
El poeta ignorante no puede concebir bellamente. La concepción de
la bella obra presupone larga conciencia. ¿Y dónde el poeta podía
sentirse más consciente de sí mismo? ¿Dónde podrían ser leídas las
poesías de un poeta sensitivo y meditativo? No entre el estrépito
ciudadano. No en las inmensas estepas desiertas. No en el bosque

primitivo poblado de seres vivientes diversos. No entre los blancos témpanos de un país frígido. Las poesías de Domenchina requerían espacio y tiempo para la meditación. Si había sido el libro formado por la meditación, natural era que solicitara meditación en el lector. De pronto Saturio Bell, recorriendo el libro al azar, encontró una frase inesperada. Parte del libro lleva este título: La corporeidad de lo abstracto. *Eso era todo. Había que procurar un lugar en que lo abstracto se hiciera concreto.*

El viaje fue largo y lento. Saturio Bell viajaba a cortas jornadas. Pasaron campiñas inmensas tapizadas de plantas silvestres –amapolas e hinojos, rojo y amarillo– y cubiertas de la fina alcatifa de los sembradores primerizos. Allá lejos, un día apareció la pincelada levemente azul de una ingente montaña: el Atlas. La ciudad milenaria se hallaba ya cerca. Se dibujaba una silueta sobre lo azul de la montaña. Pocos días más tarde Saturio Bell, con el libro de Domenchina, se hallaba en su nueva morada. Sentía un gozo profundo. Había llegado hasta la casa después de recorrer un dédalo inextricable de callejitas angostísimas. La luz, en las hondas callejas, era escasa. En pleno día se gozaba de una dulce penumbra. Los altos y blancos muros de las dos filas de casas no tenían ventanas. La puerta de la casa de Bell era baja y estrecha. Ya dentro, se comenzaba a caminar por un laberinto de pasillos y diminutos aposentos. Se hallaba ya Saturio Bell en plena poesía de Domenchina. La adecuación entre el lugar y el estro era profunda. El libro de Domenchina es vario y complejo. La morada de Saturio Bell era compleja y varia. Se perdía la orientación en este recorrer de pasillos. Se iba a la derecha y luego había que torcer de pronto hacia la izquierda. Tras un ángulo, allá en la lejanía, se encontraba otro. A veces surgía en este cruzarse y entrecruzarse de los corredores un ámbito blanco, silencioso y desnudo. ¿Se había acabado ya la casa? No; la complicación de los pasillos y de los aposentos continuaba. Y cuando menos lo esperaba Saturio Bell, un pedazo de cielo azul resplandeció entre las líneas de un ancho vano. El patio estaba henchido de misterio. En el centro, entre un bosquecillo de naranjos, susurraba, en una taza de mármol, una fuente. A un lado y a otro del patio se abrían dos anchas salas. Las puertas –de dos hojas– eran de pesado cedro. El piso estaba pavimentado con azulejos blancos y verdes. Había llegado Saturio Bell al centro precisamente de la poesía de Domenchina. Después de tanto devanear por la casa se encontraba bajo el cielo azul, en el más profundo silencio, entre paredes blancas, sentado sobre una alfombrita, en la espaciosa sala, ante las dos altas puertas abiertas.

Juan José Domenchina lucha a lo largo de todo su libro por hacer corpóreo lo abstracto. Nada más natural en un sensitivo. Si las críticas volanderas de Domenchina son reacciones intensas, sus poesías son un continuo batallar en busca de la palabra rara y de la sensación única. Y a veces, muchas veces, innumerables veces, el maridaje feliz se produce. Ningún poeta español de hoy llega como Domenchina a tal intensidad en lo vario. El libro es una maravilla de profunda y diversa poesía. El forcejeo del poeta nos apasiona. Necesitamos un profundo silencio, espacio y tiempo para gozar plenamente de este espectáculo. Sólo aquí, en la inmovilidad del tiempo y de las cosas, puede llegar Saturio Bell a sentirse solidario con estos magníficos resultados de un íntimo conato. En la milenaria ciudad todo reposa. Al atardecer, cuando el sol declina, cuando las sombras se espesan en las callejas, cuando en el recatado patio el cielo palidece sobre el bosquecillo de los naranjos, las voces de los almuédanos resuenan largas y melancólicas sobre la ciudad. Lo abstracto ha llegado a corporeizarse de un modo prodigioso. La eternidad se hace tangible y el destino humano cristaliza en un segundo.

> Aquí, donde la vida
> se acoda en largo contemplar absorto,
> todo mueve a la inmóvil
> meditación que hinoja,
> mano en mejilla, la altanera frente.

Lo abstracto hecho corpóreo es un licor embriagante. La realidad y el ensueño no tienen fronteras. Se pasa sin sentir de lo real a lo soñado. Y en tanto, en el centro del patio, el agua cristalina del brollador se levanta un corto trecho y luego cae en la blanca taza con un melodioso murmurio.

AZORÍN
(*Ahora*, Madrid, 9 de abril de 1936).

SONETOS

(380) 1

ALTO dolor, esbelto dolor, tan bien sentido
que nunca se doblega ni se hinoja... Costumbre
de *ser* –no cabizbajo, como la pesadumbre,
ni, como el pusilánime o el débil, abatido.

5   Caer no significa dejarse estar caído.
El esquema perfecto es la llama: su lumbre,
consumiéndose, erige la lucidez en cumbre
radiante, y vive en alto porque ardiendo ha subido.

El esqueleto, sobria rectitud, lo rellena
10 el gusto veleidoso de la forma liviana;
pero, dentro, el espíritu se aguza con la pena

y despoja de adornos superfluos su desnudo.
La carne, que es vehemente querencia, vive, humana,
lo que su compañera de azar vivir no pudo.

(381) 2

¿QUÉ puedo conseguir con esperarme
si se desbarató mi trayectoria?
Me enterré tan a fondo en limpia historia
que no pueden traerme ni llevarme.

5   Dije clara verdad sin alabarme,
que así se ejecutó mi ejecutoria.
Y como la falsía es transitoria,
llévese lo que guste arrebatarme.

25

El mundo –lo que existe– está a mi vera.
10 Y yo tengo, cabal, con mi sentido
del vivir, otra vida que me espera.

No me pueden quitar la primavera
en que mi juventud ha florecido
ni el otoño o sazón en que me muera.

(382) 3

Si sólo tus flaquezas te sostienen,
es mi erguido caer el que apuntala
mi vida perdurable, que es un ala
sin vuelta –no de las que van y vienen.

5 Odios incontenibles no contienen
el descenso fatal de nuestra escala.
La vida, siempre dura, sólo es mala
con los que a sus verdades no se avienen.

La ingravidez gozosa que sentía
10 es ya la pesantez, harto madura,
de la amargura y la melancolía.

Sube a la nube el juvenil vilano.
Evitemos el fraude, la impostura.
En tierra, o bajo tierra, se es gusano.

(383) 4

¿Qué es lo que te dejó la primavera
de esas verdes guirnaldas que tejía
con noche alborozada, claro día
y erguido afán en impaciente espera?

5 ¿Quizá salvaste de la tolvanera
borrascosa tu augusto mediodía,
soberano poder que conseguía
hacer y deshacer a su manera?

Perdido el caminar, ya rezagado,
10   miras el porvenir, que no repite
la diligente marcha del pasado.

Por tu perplejidad o titubeo,
sabes que te han quitado ya el desquite
que fue exacta ambición en tu deseo.

(384) 5

Vas con el alma en vilo, envilecida
la conciencia, a merced de los azares.
No sientes –no te pesan– los pesares
porque no es tuya, ni es verdad, tu vida.

5   En tu descomedirte está medida
la estúpida ambición: lo que acapares
en tus ignominiosos avatares
has de restituirlo en la partida.

Porque lo que detentas, con orgullo
10   o vanidad despótica, no es tuyo;
ni, aunque lo fuera, habría de seguirte.

Piensa que estás de paso y que el recuerdo
dura más que los hombres. Hazte cuerdo.
De la verdad no puedes evadirte.

(385) 6

La libertad –el alma– ya vendida...
¡Qué trasiego de afanes y trajines;
innobles medios, razonables fines
inmediatos! ¡La lucha por la vida!

5   Y todo por ganar una perdida
ambición que te pierde. (Los afines
van dando concienzudos volatines
con ímpetu tenaz y útil medida.)

En el ir y venir, aun cuando vienes,
10 te vas soñando en la trillada ruta
que lleva al puerto de arrebatabienes

Y es tu ser menester tan lucrativo,
que cambias ¡y a qué precio! la absoluta
verdad por lo inminente y relativo.

(386) 7

La envidia de morder nunca se sacia,
pues no come...

MIGUEL DE UNAMUNO

DECIR verdad rotunda no aprovecha;
antes sobra, y aun daña, que la vida
del ex-hombre prefiere bien torcida
la exactitud de la intención derecha.

5 Llamando pan al pan, no se cosecha
más que el odio absoluto y de por vida
de los que, con el alma ya vendida,
sienten que sólo vive el que cohecha.

Querrán con sus calumnias suplantarte;
10 falsificando el parecer ajeno,
por inmune al soborno, sobornarte.

Mas, al cabo, el que muerde sólo muerde.
Y se pudre al final con el veneno
inevitable de su saña verde.

(387) 8

MUERTA la vanidad ¿a qué exhibirse
con el fruto serondo, trasnochado?
El nuevo, en nuevas auras sazonado,
entréguese a vivirse y desvivirse.

5 Mas no caiga en el cebo de engreírse
de su tonillo mozo o remozado:
ya todo está cantado –y recantado
en palinodias fáciles de oírse.

Vientos y brisas mueven los verdores
10 artificiosos de la primavera
que quizá nos agobia con sus flores.

Luego, tras el otoño, el invernizo
rigor alcanza la verdad entera
al despegarse de lo pegadizo.

(388) 9

Es la noche sin fin, la desvelada
noche, que con sus filos de cuchilla
implacable recorta en amarilla
muerte, nuestra silueta enajenada.

5 Vivir, cuando vivir no vale nada,
equivale a sembrar, con la semilla
infecunda, el dolor, que tanto humilla,
de una existencia rota y postergada.

Y el insomnio repite inexorable
10 el paso de la vida irrevocable,
que, sin dejarse de sentir, se aleja.

¿Dónde nos llevará, tan sin camino,
tan juguete irrisorio del destino,
nuestra razón destartalada y vieja?

(389) 10

AUN siendo hostil y larga, siempre es corta
la vida; se nos logre o menoscabe,
al principio se sabe que nos sabe
a poco el mundo, y, luego, nada importa.

5   Con imposible alquimia, en la retorta
de la ambición, que el existir no acabe
pretende el sabio, concienzudo y grave,
que así se disminuye y alicorta.

Las apetencias y las apariencias
10   siguen su curso veleidosamente,
sin el apremio ya ni las urgencias

moceriles. Y, al fin, rompe la historia
los datos que acopió celosamente
para burlarse en serio de la gloria.

DÉCIMAS CONCÉNTRICAS
Y EXCÉNTRICAS

(390) 1

Tercamente te regalas
en la encendida obsesión
de volar alto, pasión
que ya has perdido las alas.
5 Como la soberbia, exhalas
icáreamente tu vuelo,
que no vive a ras del suelo.
Pero es mejor sepultarse
en tierra, que remontarse
10 a un sitio donde no hay cielo.

(391) 2

Sometido estoy, latido
cordial, del todo, a tu gusto:
tu sobresalto y mi susto
cambian su rojo sentido.
5 Y me tienes tan medido,
que lates en mi conciencia
advirtiendo a mi paciencia
que ya no puede sufrir
tan discontinuo latir
10 una continua existencia.

(392) 3

¡Lo posible! Tan sensible
a las posibilidades,
no ignores que las verdades
siempre están en lo posible.
5   Pero que no es asequible
por esencia esa ocasión
de ser, que tu exaltación
—que tu pasión— imagina
al margen de la rutina
10   y a mano de la razón.

(393) 4

Es vivir de otra manera
—no es morir— estar dormido.
Nacen un nuevo sentido
y la verdad verdadera
5   en la pausa duradera
del sueño, que corrobora
este existir sin demora
y racional —artesano
del instante—, ¡tan humano
10   que todo lo humano ignora!

(394) 5

Existo, sí. Y me resisto
a ser réplica o trasunto.
Naciendo de mí, y a punto
de partirme, sé que existo.
5   Otros logran, por lo visto,
ser o no ser, de algún modo
que conviene a su acomodo.
Yo no pude regalarme,
ni mucho menos prestarme,
10   porque he de vivir del todo.

(395) 6

...PERO siempre el despertar
es un asombro. La vida,
aun de noche, está encendida
para el lúcido mirar.
5   Le gusta desparramar
la opulencia de las cosas,
sus presencias jubilosas,
que de día son derroche
y que ocultan por la noche
10   sus vigilias laboriosas.

(396) 7

¡SÚPLICA de mendicante!
Me voy pidiendo a mí mismo,
no voluntad, egoísmo,
para seguir adelante.
5   Y estoy de mí tan distante,
tan sordo a mi conveniencia,
que, ajeno a la complacencia
de la vida regalada,
no me socorro con nada
10   más que con mi consecuencia.

(397) 8

DERRAMAS tu cardenillo,
cárdeno ser; que, agonía
de Judas, tu bastardía
revienta en pus amarillo.
5   Siendo yunque, de martillo
te jactas. Y, como viertes
en el prójimo tus muertes,
dices que no son verdad
la hombría y la dignidad
10   que tú trastruecas e inviertes.

(398) 9

MIRA la noche. Redonda
y cabal: sin una estrella.
Puedes sumergirte en ella
a tu gusto, porque es honda
5   y no ha de exhibir la ronda
falaz o superchería
con que se enguirnalda el día,
encubriendo en sus ramajes
florecidos y paisajes
10 la escueta verdad sombría.

(399) 10

(Venus)

SU desnudez –recreada
en sí misma– es tan gozosa
que llega a ser luminosa
junto a la noche enlutada.
5   En sus cabellos celada,
sabe erigir el deseo
más allá del devaneo,
y ganar en la partida
la reiteración debida
10 a la gloria del torneo.

(400) 11

COMO soledad de aldea
te guarda tu apartamiento
del mundo: el recogimiento
de quien ya sólo desea
5   contenerse en una idea
diamantina. Y, sin mancharse
en ningún contacto, darse
con su luz, y conocer
cómo ha de permanecer
10 la vida que va a acabarse.

(401) 12

...PERO el corazón, cansado
del discontinuo latir,
puede aun sentir y sufrir
lo absurdo y lo inesperado.
5 Porque no se vive al lado
de la vida, sino dentro
de la vida, único centro
posible que perenniza
un vivir donde agoniza
10 el inevitable encuentro.

(402) 13

NI un resto de fantasía.
Ni una sombra de ficción.
Como perfecta noción,
escueto y exacto el día.
5 Nunca lo que se vería
con un mirar subjetivo.
Hay que ver lo relativo
de las cosas: la apariencia
evidente, en la existencia
10 instantánea de lo vivo.

(403) 14

AHORA sí que estás cerrada
para siempre, voluntad.
Tu pacto con la verdad
te induce a no querer nada.
5 Viéndote tan desganada,
tus plurales apetencias
de antaño, con reticencias
sutiles, te hacen sentir
lo engañoso que es vivir
10 sólo de reminiscencias.

(404) 15

Ni en curva ni en espiral
cabe la intención derecha.
Por eso sigue la flecha
su trayectoria fatal,
5 que es trazo recto y normal.
No acepta el viril deseo
torcedura o titubeo.
(La mujer, en dilaciones
de curvas e indecisiones,
10 impone su devaneo.)

(405) 16

Pero el estar a tu lado
no es, en el fondo, tenerte.
A horcajadas de la muerte
vivo, y vivo emancipado.
5 No me siento soportado
por la rígida osamenta
póstuma que nos sustenta...
—Tú, que convives conmigo,
¿sabes cuándo estoy contigo
10 y cuándo con la tormenta?

(406) 17

¡Soledad acompañada!
Yo no quisiera sufrir
la agonía de sentir
tu presencia atormentada,
5 que interrumpe y anonada,
sabiéndose tan ajena
a la vida que encadena
como a sí misma: rincón
de la conmiseración
10 incómoda y alma en pena.

(407) 18

PARODIA de sentimiento,
un latido gemebundo
pretende llenar el mundo
con lamentable lamento.
5 Pero le falta el acento
válido, veraz. Y trilla
sólo su propia rencilla,
que transmite, no emociones,
sino gesticulaciones
10 de una rabieta amarilla.

(408) 19

*(Una «décima» de
doce versos)*

CON la recta exactitud
de tu vida escrupulosa
¿fue más perfecta la rosa
viva de tu juventud?
5 ¿Acaso es tu plenitud
más feliz y prosperada?
Si no has alcanzado nada
por seguirte y esforzarte,
puedes, al menos, mirarte,
10 cara a cara, de hito en hito,
sin humillarte contrito
ni tener que despreciarte.

(409) 20

VIENE el silencioso turno
de la noche, como tregua.
Ya es un instante la legua
y la luna el sol nocturno.
5 El mendaz insomnio espía

nuestra estática agonía.
Porque ya los ajetreos
de la lucha, los trajines
del vivir, van a sus fines,
10   sin moverse, en los deseos.

(410) 21

EL mediodía radiante
(luz dura, exacta, total),
más que redoma o fanal
es, sin aristas, diamante.
5   No existe nada distante
ni oculto ni imperceptible.
Todo, al arder, es sensible.
Y los ojos, erigidos
en colmo de los sentidos,
10   ven con mirada infalible.

(411) 22

PROLIJAMENTE miniada
dejaste, por fin, tu vida,
que, de puro consentida,
se te acabó sin ser nada.
5   Está, por ende, acabada,
no conclusa. En su manera
—que fue esmerada y zaguera—
la nimia solicitud
de tu tarda prontitud
10   te quebró la vida entera.

(412) 23

¡SIEMPRE desasosegado
y temiendo reposar!
El forzoso despertar
ha de abolir lo soñado
5   y su curso acongojado.

Y del sentir infinito
sólo quedará lo escrito
–sombra de sombras–, si queda.
¡Barro de una polvareda
10 que no levantó el proscrito!

(413) 24

(Dédalo)

EN la estúpida obsesión
del rejuvenecimiento,
olvidas que el pensamiento
te sirve de corazón.
5 Una cosa es la pasión
entrañable del instinto
y otra el comprender, distinto:
lucidez sin arrebato
que pone sobre lo innato
10 la clave del laberinto.

(414) 25

PERO esa pena buida
que traspasa de mil suertes
y como al azar las muertes
unánimes de mi vida
5 no logra encontrar salida.
Y, de puro acicalada
en la norma inveterada
de herirme y transverberarme
la existencia ha de acabarme
10 por mi existir afilada.

(415) 26

ESA cosa que *no es,*
y que es, sin embargo, todo,
tiene en el matiz su modo
pero nunca su revés.
5 Nacida para *después,*

tan llena está de presente
que vive sólidamente,
por lo oculto y entrañable,
esa vida irrevocable
10 y augusta de lo latente.

(416) 27

Si eres exacta verdad,
¿por qué el comercio procuras
de las gentes, y te curas
del hombre de falsedad?
5 Sírvete con lealtad,
serenidad y rigor:
que el único servidor
abnegado que te sigue
–tú mismo– no se desligue
10 de tu imperio de señor.

(417) 28

¡El *mentir de las estrellas!*
Con su constante lucir
no nos pueden persuadir
de que, en puridad, son ellas
5 las del remoto lucir
arduamente descifrable.
Estrellero venerable,
¿cómo se puede embaucar
con un rubio titilar
10 que es guiño de lo inefable?

(418) 29

La vida –ayer rozagante
y erguida–, bajo la angustia,
pende ya flácida y mustia,
como un despojo colgante.
5 Ya no es su porte arrogante

ni audaz su paso: inseguro
marcha el hombre hacia el futuro
que, a trueque del esqueleto,
le ha de entregar su secreto:
10   la luz del dominio obscuro.

(419) 30

COMO duelo o agonía,
yo contra mí, en antagónico
perseverar asincrónico,
pues somos dos y uno, al día.
5   Pero en la terca porfía,
unidos contra los más,
¿cómo disentir jamás
en que es una nuestra suerte
y una sola nuestra muerte,
10   ¡sola!, frente a los demás?

(420) 31

MIRA en el salto mortal
–tan airoso– de la idea,
lo descreído que crea
y lo entrañable o fatal
5   no siempre justo y cabal.
Si pensar es disociarse
coherentemente y buscarse,
¡qué exacta necesidad
–qué limpia temeridad–
10   la obstinación de encontrarse!

(421) 32

DURO estoico sin aguante
–que no es paradoja–, humano
y hermético castellano
que se planta en el desplante
5   si se le ponen delante.

No se deja postergar,
avasallar ni burlar.
Como terco y concienzudo,
sabe que es tocón muy rudo
10   y arduo de desarraigar.

(422) 33

¡QUÉ soledad desolada!
La noche, revés del día,
notar hace al que veía
cómo ve que no ve nada.
5   Está la luz acostada.
Y los sentidos, dormidos,
que siguen siendo sentidos,
quédanse, como evidencias
de una luz sin consecuencias,
10   extrañamente abolidos.

BURLAS Y VERAS
CASTELLANAS

(423) 1

CASTILLA la llana...
Caminera y sentenciosa,
¡qué bien habla!

Ventura de la aventura,
5   ¡cómo anduvo y qué mal anda!

Largo el paso, el decir corto.
Pie y refrán, pero no labia.

Nunca en el solar nativo
cupieron sus plantas.
10 Y sembró como andariega
su palabra.

(Decir y andar: tus dos verbos
ardidos –razón y raza–
llévante en una leyenda
15 de hablillas y malandanzas.)

Castilla lejana...
Caminera y sentenciosa,
¡qué bien habla!

(424) 2

–No te afiles los gañiles,
porque nunca cortarán
por mucho que los afiles.

La voz grave es la que sabe
5 llegar al hondón del alma
sin que el aliento se acabe.

Lo demás es artificio
del que canta por las palmas
y los gajes del oficio.

(425) 3

DE la burriciega
comadre, líbrete Dios:
te verá aunque no te vea.

Y dirá cómo te ha visto,
5 si no empañando una honra,
empeñándote a ti mismo.

Nunca te la toparás
en el ansia del trabajo;
que no puede trabajar.

10 Pero por los andurriales
donde no pones las plantas,
sabrá, a su modo, *encontrarte,*

propalando que te ha visto
empañando la.honra ajena
15 o empeñándote a ti mismo.

(426) 4

—«¡MI hombre!», llama tu ambiciosa
vanidad al mujeriego
varón que es hombre de todas.

Y no pueden retenerlo
5 ni tus encantos marchitos,
ni tus tenebrosos celos,

ni tus amenazas torvas.
...Con relieves de burdel
te jactas y vanaglorias.

(427) 5

(Ocaso)

DICHO de la altiplanicie
donde brota la verdad
soberbia y humilde.

El hombre de adusta faz
5   —mentón apenas rapado—
junto al pajonal...

Y de rastrojo a rastrojo
—barba y tierra mal raídas—,
el taciturno coloquio.

10   ...Por la carretera andante,
una sombra inmóvil,
que se enfría con el aire.

(428) 6

—TRAJINERO,
¿qué es lo que te dice a solas
la limpia luna de enero?

Por taciturno y altivo,
5   para despegar los labios
aun no encontraste motivo.

Pero con lo que has callado
¡qué reciamente golpea
tu corazón esforzado!

10   ¡Y qué limpio el ademán
con que borras en el aire
las burlas del fablistán!

Porque tú sólo te enteras
de las veras, en que, siempre
15   taciturno, perseveras.

Lo demás, que es por demás,
son hablillas de cotarro,
que ni sabes ni sabrás.

(429) 7

–¡SIEMPRE sola!
Tu marido en la faena
y tú contando las horas.

Nunca fuiste remolona,
5   pero el quehacer lo concluye
bien presto la mano pronta.

Y anoche oíste una copla
o comidilla de pueblo
que te anegó en su ponzoña:

10   (–Hombruna y marimandona:
No da cosecha el ardiente
pegujal de *La Machorra*.)

¡Siempre sola!
El vientre, enjuto; los pechos,
15   despechados, lacias sombras.

¡Noches sin sueño en la alcoba
con la obsesión o repique
de tu apodo: *La Machorra*!

Y, junto al hombre que ronca
20   satisfecho, afán de prole
y amor de madre copiosa.

Ya te afrenta y abochorna
que te vivan y desvivan
trajines de mujer sola.

25   Así tienes la voz ronca
de pedirte en las entrañas
la encarnación de tus bodas.

Que los hijos de *la otra*
comparten lo que tú quieres
30   del todo, para ti sola.

(430) 8

—«LAS once y media... y lloviendo»—
cruza empapada una voz
quejumbrosa por el pueblo.

En la plaza hay un beodo
5 que discute con su sombra:
—Tú eres uno y yo soy otro.

Y que luego, en un traspiés,
que le vuelve a la taberna,
canta a los que oyen llover:

10 —Lo más difícil del mundo:
pasar entre dos faroles,
cuando solamente hay uno.

(431) 9

—CASTILLA la brava...
Quiero el áspero decir,
no la sonrisa alcorzada.

Allí las mujeres, hembras
5 fecundas exigen machos
rotundos, no ablandabrevas.

Y aunque goce el trashoguero
zampabodigos del pan
que amasa el sudor ajeno,

10 nunca consigue el bragazas,
boquimuelle, por bigardo,
el gobierno de su casa.

Son los hombres de la estepa
hombres largos en acciones
15 y de muy breves sentencias.

Sólo de la tierra siervos,
curvados sobre los surcos;
después, erguidos y enteros.

(Viste sotana el blandengue
20 si la voz se le acapona
o si se le frustra el temple.)

Con hombría se trabaja,
con virilidad se sufre,
sin desmayo se descansa.

25 ...El señor tuvo la horca
y el cuchillo; los villanos,
si no el provecho, la honra.

Y nunca pechó el pechero
con el desmán arrogante
30 o la amenaza del miedo.

(En Castilla hasta el cacique
sabe que su cacicazgo
es juego de azar y envite.)

Porque nadie es más que nadie.
35 Y en la alcaldada se rompe
las costillas el alcalde.

(432) 10

EN la canción castellana
busca verdades de a puño
y no sombras de palabras.

Es tono, nunca tonillo.
5 Hombre entero, no guitarra.

Alivio de trajinantes,
que sólo para sí cantan,
jamás rompe su donaire
con dicharachos en jarras,
10 ni agudiza en el falsete
su registro de voz baja.

Para decir sobriamente
la verdad no sirven mañas,
que la cosecha del llano,
15 aventándose en palabras,

no se quiebra ni se escurre
en la frase abemolada
y temblona –reticente–
que llora ajenas nostalgias.

20 Para el buen entendedor
sobra la media palabra.
Y todo lo dice a todos
quien sólo para sí canta.

(433) 11

JACTÓSE el baldragas:
–Voluntad empedernida
tengo, que nadie quebranta.

La mujer suplica.
5 Pero el hombre manda.

Mi hogar se arredra, sumiso,
con mi voz autoritaria.

(La cónyuge del blandengue
proferidor de bravatas,
10 que es real hembra, dice y hace
bien cuanto le viene en gana.)

(434) 12

LA caravana del céntimo
o el mendrugo... Ya amanecen
los aledaños del pueblo.

Los honrados pedigüeños
5 toman con mano premiosa
y azogada el don escueto.

Que no es largo el estipendio
que retribuye a la holganza
caminera por los pueblos.

10   (Relieves de pan y céntimos
con que nutre su zurrón
desnutrido el andariego.)

Plegarias y jesuseos,
leguas y sudores: dura
15   limosna es el pan ajeno.

(435) 13

EL campo no tiene puertas.
Y a la intemperie, señor,
se pasan las horas muertas.

En el hogar, al calor,
5   guisos y techos ahumados
y unos seres hacinados
—hombre y bestia—: espeso hedor.

Pero el campo es lo mejor
con sus montes derramados
10   en llanuras, o el rigor
de la nieve y los nublados.
La nube, el viento, la flor...

(436) 14

¡Oh, la saeta, el cantar
del [sic] *Cristo de los gitanos,*
siempre con sangre en las manos,
siempre por desenclavar!
¡Cantar del pueblo andaluz
que todas las primaveras
anda pidiendo escaleras
para subir a la cruz!

ANTONIO MACHADO

LA muerte perpetua.
El Cristo de la agonía
acribillado a saetas.

Los gitanos trapaceros,
5   que viven de ese estertor
sin fin, cantan: *aun no ha muerto*

y, colgado de la cruz,
va acabándose de penas
para que te salves tú.

10   Por redomados sayones
se eternizan en un coro
de lamentos y clamores.

Si no la virtud de Cristo,
redentor del irredento,
15   ensalzan el virtuosismo.

Porque son los taumaturgos
de una fe tan mal creída
que canta y viste de luto.

(437) 15

UN hombre dejó de serlo.
Bajo el sol, el cementerio.
Mudo, en su recinto, el pueblo;
mudo, aunque tocan a muerto.

5   La madre llora en silencio.
El padre, enjuto y reseco,
mira ahincadamente al suelo.
(Es hombre de torvo ceño.)
En torno, callan los deudos.

10   No hay plañideras a sueldo
ni comadres en el duelo.

Bien revestido de nuevo,
el cura; en alto, dos cuervos.
Moscas y abejorros –negro
15   jabardillo– sobre el féretro.

Breve el coloquio –por gestos
sobreentendidos, patéticos–
de los dos sepultureros.
(Soga y azada: barrenos
20   para sondar el misterio.)

Y, sobre todo, el silencio.
Porque el dolor es tan recio
que sufre a solas, por dentro.

...Por la carretera, lejos,
25   cruza, vestida de negro,
una mujer –cuyo seno
oculta y guarda el secreto
más entrañable del muerto.

(438) 16

(El usurero)

DE familia de alfayates
y ropavejeros, supo
qué es cortar y vender trajes.

Hoy, más dúctil, presta a rédito,
5   y se come las cosechas
de los malos y los buenos.

Cuidando un nido de urracas
–siete judeznos garrudos
y blandengues–, en su casa,

10 la mujer, mezquina y seca,
en seco pare: la asiste,
sin aguas siempre, el albéitar.

Y el sucio clan acapara
la pecunia del que huelga
15 y el jornal del que trabaja.

(439) 17

–PERO esa mula zaguera,
tan resabiada y zaína,
que retrocede y cocea...

Remolona y terca,
5 desanda el camino,
la sangre me quema.

Y, entre legua y legua,
restalla mi tralla,
crujen mis blasfemias.

10 Pero no se arredra...
Las ancas llenas de ronchas,
siempre erguidas las orejas...

(440) 18

–SI vienes a la capea
verás carros, burladeros
...y toros de siete leguas.

Verás en la plaza en cuesta
5 cómo lidian los marrajos
a los toreros de feria.

(Son de tan larga destreza,
que los diestros-aprendices,
persiguiendo «su faena»
10 con trasudores de angustia,
no saben cómo se juega.)

Si vienes a la capea,
verás a los torerillos
blancos de miedo y de anemia.

15　Que en el trajín de la brega
la saliva, que no pueden
escupir, es ya madeja.

Porque el derrote no yerra
y al correr sólo se aprende
20　lo que las astas enseñan:

a morir sobre las piedras
de la plaza, revolcado
en sangre de vida hambrienta.

(441) 19

L<small>A</small> noche, lenta, se cuaja.
Y congrégase, a cencerros
tapados, la cencerrada.

Se calla
5　para urdir bien el estrépito
súbito, la bronca trampa.

Son enseres de artesana
—peroles, cazos, sartenes—
los que aturden y sonsacan.

10　¡Castigo a la contumacia!
El viejo por reincidente,
la novia por madrigada,
van a tener unas nupcias
de cuernos, harto sonadas.

15　Pero es inútil tal saña,
porque los que están de bodas
no se cuidan de matracas
y comparten lo que gustan,
ruido mullido, en la cama.

(442) 20

NOCHE de luna y de ronda.
Con los pechos jubilosos
las casaderas se asoman.

Hay una en cada ventana
5 —ojeras y sobresaltos—,
porque ya la ronda canta.

—Y te rondaré morena,
noche a noche, hasta que un día
conmigo a vivir te vengas—.

10 El vino del jaranero
sabe hurgar en la rabiosa
mordedura de los celos.

Y al socaire de la esquina
—donde cantan los que cantan—
15 una voz ronca se afila.

Se afila como el gemido
que se cuaja y se endurece
en la lumbre de un cuchillo.

En la lumbre de un relámpago,
20 remate de alguna copla
que fue puñal enconado.

—Y te rondaré morena,
como me rondan la muerte
y el cobarde que me acecha—.

(443) 21

...Y NO tengo más arrimo
que el de una mujer que vive,
trabaja y sufre conmigo.
Pero es mujer de otro... pueblo.
5 Y yo no soy su marido.

Las malas lenguas nos hincan
sordamente sus cuchillos.

Y de noche, en la alta noche,
la negra copla se ha oído:

10 «*La Liviana*
vive y goza de su amigo.
Pero un hombre abandonado
viene ya por los caminos.
Habrá un rebato de sangre.
15 Y ella volverá a su sitio.

Caiga el que caiga, no importa.
Ella volverá a su sitio.
Se enjalbegará la casa
maldita, en que ha mal vivido,
20 y el pueblo volverá a ser
un pueblo de trigo limpio.»

(444) 22

EL hidalgo de bragueta
—dio muchos claros varones
a Castilla— está en la huesa.

Hombre sin tacha o flaqueza
5 y prolífico señor
repoblador de la estepa,

sufre en sus restos la afrenta
de una inscripción, que le loa
por morigerado, obscena:

10 «Don Perfecto Cubredueñas
engendró quince varones
sin ayuda de manceba.

Y el rey pagó tal largueza
largamente; su hidalguía
15 pregona esforzada brega.»

(445) 23

*Si la sentencia y el pulso son firmes
no hay ardua sentencia.*

Del Manual del perfecto ejecutor.

EL ajusticiado supo
de la pericia infalible
y piadosa del verdugo.

Desde la Audiencia de Burgos
5 llegó el supremo hacedor
de la justicia en un burro.

Expedito y concienzudo
despachó su menester
en ciento cuatro segundos.

(446) 24

LLEGA con el madrugón
el toro del aguardiente
que hace las veces del sol.

—Para calentarte, amor
5 en ayunas, copas, capas
y el pellizco remolón.

—Para sentir el ardor
de la vida que amanece,
¿no nos bastamos tú y yo?

(447) 25

OYE el cantar de Castilla,
que no es mentir de gitanos
ni justa de *cantaores*
con oles, palmas y tragos.
5 Nadie jalea al jaleo
en la gravedad del páramo.

Allí canta el aire limpio,
no el humo de los colmados.

Carretera andante,
10   ¡cómo se te queja el llano;
cómo gime la llanura,
sobriamente, por lo bajo,
cara al cielo, transparente
de azul soledad, tan alto!

15   Son trajinantes y arrieros
los que dicen por el campo,
con su llaneza, el sentir
profundo del altiplano.

Saben los enterradores
20   de allí que su oficio es malo
y no pregonan la tierra
que echan sobre sus hermanos.

El vino aguarda en la venta,
y se compra; ¡qué buen jarro
25   para volver el aliento
al corazón fatigado!

Cantar solo, sin alardes
y caminero del llano.
«Ancha es Castilla», y el alma
30   se va por ella ensanchando.

(448) 26

−¿CONOCÉIS a mi compadre
Joselito-el-del-buen-trago?

Es hijo de salmantina.
Su padre era sevillano.

5   Si vive de hablar de toros,
y de cantar por lo bajo,
es porque perdió su hacienda
y tiene fachenda y garbo.

Los pegujaleros, hombres
10 hechos a roturar campos,
dicen desabridamente
que es la cizaña del llano.

Pero siempre tiene a punto
la canción, y a flor de labio
15 el decir con que se alegran
o se alivian los trabajos.

Paladea el vino tinto
a usanza de castellanos...
Y, además, es mi compadre
20 Joselito-el-del-buen-trago.

(449) 27

–No tuve la culpa yo,
que soy cauta.
La tuvieron, con la luna,
la noche que era una brasa,
5 mi ventanuca entreabierta,
su decisión y una escala.

Yo no hice sino callar
y arrebatarme, en mi rabia,
contra su cuerpo encendido,
10 una doncellez intacta.

No tuve la culpa yo;
me volvió a salto de mata
lo que vine a ser: la burla
de quien promete y no salda.

15 Yo estoy, madre, como tú,
siempre alerta, aunque dejara
–no sé cómo– que anduviesen
sobre mí y sobre mi cama,
más que apremios de varón,
20 perfidias de noche clara.

(450) 28

—A LA fuente me voy, madre.
Voy por agua.
Anoche perdí la vez,
y hoy quiero tomar el adra.

5   Anoche perdí la vez,
porque el monte huele a jaras,
a romero y a tomillo,
a cantueso, a mejorana
silvestre, a menta y a salvia,
10   como mi cuarto y mi carne
a flor de albahaca,
como a espliego y yerbaluisa
mi ropa blanca,
y la fuente, donde sueño
15   sin sueño, a arcilla mojada.

Me voy, que es noche de luna.
Y en la fuente hay quien me habla
con claridad transparente
y seguida, como el agua.

20   No quiero perder mi turno
ni mi plática.
Tengo sed, y he de llenar,
como el cántaro, mi alma.

A la fuente me voy, madre.
25   Voy por agua.

(451) 29

¡DONAIRE de dueña chica!
Un gigantón lujurioso
sueña imposibles caricias.

Tan menuda, tan cenceña,
5   ¿cómo esquivará el zarpazo
codicioso de la bestia?

Con ese brinco de garbo
que elude y frustra las torpes
audacias del desmañado.
10   Pues las dueñas chicas han
la virtud de escabullirse
y la gracia de burlar.

(452) 30

GUÁRDATE del agua mansa,
pero aun más del hombre tibio,
del que no se arriesga nunca
ni sabe estar en su sitio.
5   Líbrete Dios de la astuta
vileza del precavido;
que, esclavo de su provecho,
le importa ganar, no amigos,
mas valedores que valgan
10   la humillación de un servicio
y le paguen desdeñosos
sus no tacaños cumplidos
con relieves valederos
o sobras sin desperdicio.
15   Él no arriesgará por ellos
ni un jeme de lo obtenido.
Los servirá servilmente
si le es útil ser adicto.
Los dejará en la estacada
20   si es que los ve desvalidos.
¡Líbrete Dios de la astuta
vileza del precavido,
que no es hombre ni le importa
serlo, si medra en su oficio!

(453) 31

AIRADO, el mozo taimado
quiere escupir su despecho
en unas coplas de escarnio:

–Esa mujer es tan *larga*
5 que ni ella misma, corriendo
a todo correr, se alcanza.

–Síguela, que es buen trabajo:
irás por trochas y cuestas
desde el traspiés al mal paso.

10 –Moza alegre y ventanera,
cuídate del aire libre;
si no, morirás soltera.

–De beber, hay que beber
vino espeso, de pisada
15 honrada, nunca aguapié.

–Y duermes sola en tu cama.
Por eso –sólo por eso–
duermes desasosegada.

–Si te pellizca las piernas
20 el viejo salaz;
el joven, erguido y firme,
¿qué es lo que te hará?

–Moza honesta y continente,
¡buen atracón de manzanas
25 te aconsejó la serpiente!

–A obscuras, ¿por qué encandilas
a los hombres que retozan
contigo; si no los miras,
sobre la luz que les prendes
30 a la altura de la vida:
a una altura que coincide
con lo que guardas y esquivas?

–Hay algo que no se aprende
y se sabe de memoria:
35 lo que enseñan las mujeres.

–Pero a mí tú no me engañas,
que con los hombres te acuestas
y con Dios no te levantas.

–Los alquimistas de ayer
40 llamaban oro potable
a un buen caldo de Jerez.

–Los sentenciosos de hoy
dicen: Doncella es la moza
que, aun conociendo varón,
45 sin edictos ni esponsales
sus antojos consumó.

11 de marzo-11 de mayo, 1942

PASIÓN DE SOMBRA

(ITINERARIO)

Publicado por la Editorial Atlante, México, 1944.

A ERNESTINA
ejemplo conmovedor –y enorgullecedor– de
«nueva pobre».

(454)

9 DE DICIEMBRE DE 1943

(Festina lente)

AVANZAS en la sombra que te sigue,
patético rezago de un presente
que ya no se apresura lentamente
aunque su sombra de pasión le instigue.

5   Sin un deber –debido– que te obligue
a afrontarte con paso diligente,
perseveras en ser la negligente
sombra del precedido que te sigue.

Tienes la soledad por compañía
10 suficiente; tu dorso fatigado
por espejo, tus huellas como guía.

Memoria inalterable del pasado,
no eres más que tu noche, con el día
de bruces en tus sueños acostado.

(455)

10 DE DICIEMBRE

Tú, que en la patria, entre quien bien te quiere...
....
y así, diverso entre contrarios, muero.

GARCILASO

Y SI permites, vida, que me espere
más, y que, al ir a lo que puedo, venga
de donde no iré nunca, y que me tenga
donde nunca me tuvo quien me quiere,

5   permíteme también que no me entere
de cuanto en mi camino sobrevenga
y que en mis soledades me sostenga
este morir perpetuo que me hiere.

Si estoy en mi pasado, que se venga
10   de mi pasar; si voy, por donde fuere,
sin tener nada mío que me tenga,

no permitas que al cabo desespere,
y que, como de burlas, se entretenga
el que, *diverso entre contrarios, muere.*

(456)

11 DE DICIEMBRE

(Ser o no ser)

SI tú –que vas, sin ir, entretenido
entre tus apetencias de desgana,
rumbo al amanecer de ese mañana
donde tu ayer en sombra se ha escondido–

5   sabes que te dejó, quien te ha traído
aquí –donde no estás– sin vida humana,
¿por qué, si no es fingir, tienes la vana
pretensión de sentirte bien vivido?

    Si buscas tu pasado, que se encuentra
10   perdido sin hallarte –y en suspenso–;
    si no sabes de ti, si en ti no entra

    la vida de los hombres en descenso,
    ¿no ves que en tus nostalgias se concentra
    el odio de la vida, que es inmenso?

(457)

12 DE DICIEMBRE

    HÚRTATE a la alegría vocinglera,
    molino que en sus aspas y aspavientos
    descoyunta y aturde hasta los vientos
    que lo quieren mover de otra manera.

5   Esquívate a la fútil lloradera
    que pretende invadir los elementos
    y encharcar, con sus lágrimas y acentos
    lamentables, la verde primavera.

    A pleno sol, y a solas, has sentido
10   todo el dolor del mundo en la sonrisa
    resucitada de la que se ha ido...

    Y de noche, y no solo, te has reído,
    inevitablemente, y con la risa
    mala del hombre, de tu bien perdido.

(458)

13 DE DICIEMBRE

    PASO sin paso; sombra a cuerpo enjuto,
    ¡ay rompe-esquinas recodero y triste!
    No te guardas las vueltas que no diste
    ni las que das –en vano– a lo absoluto.

5   ...El amarillo de tu faz... el luto
    de tus ojos... los labios que escondiste
    en la mueca –en el rictus– que pusiste
    por mutis a tu verbo disoluto...

    ¿Estás en las revueltas del camino
10 que desandas, huyendo, a lo divino,
    de tu sombra mortal, de tu impostura?

    ¿O roncas, como roncan las centellas,
    en vagidos de lumbre y en estrellas
    de rabia, al aire de tu noche oscura?

(459)

14 DE DICIEMBRE

    ¡OYÉNDOME y mirándome en el mudo
    proferir de mi sombra! La blancura
    de la pared perfila mi figura
    adosada en la cal, que ciega. Y dudo

5 si mi silueta recortada pudo
    deslizar paso a paso la locura
    negra de mi amarilla calentura
    por la alusión o sombra en que me eludo.

    ¿Mi clara lucidez es sombra mate?
10 ¿Estoy, emborronado disparate,
    en ese doble, sordo, que me dejo

    pegado a la pared mal encalada?
    ¿O es mi caricatura, vomitada
    por la pared, la carne en que me quejo?

(460)

15 DE DICIEMBRE

    ¡EL sol, bajo tus plantas!... Un alud
    de carne y hueso, en ráfagas de gloria,
    eras... Pero ya tienes —muda historia—
    quieta, entre cuatro tablas, tu inquietud.

5 Todo un mundo fue poco. Un ataúd
    es suficiente. Vida perentoria,
    voraz, incontenible —ya memoria—;
    ¡qué acabado reposo en tu actitud!

Tu estatura, sin límites humanos,
10   es ya estatua yacente... Dos gusanos,
tus limpios ojos de mirar sin ver,

sienten, han de sentir, el descendido
cielo, que, en tus entrañas escondido,
y tierra ya, se empieza a corromper.

(461)

17 DE DICIEMBRE

AQUEL camino de ininterrumpida
primavera, y su sol que, nunca puesto,
daba limpio calor y rubio apresto
al raudal impaciente de tu vida,

5   te desandan y alumbran la escondida
senda de tu retorno. Tienes presto
el paso de volver, y bien dispuesto
el gusto de encontrar tu voz perdida.

...Eran los días de mi edad de oro
10   cuando la clara acción y el verbo claro,
en su pluscuamperfecto mediodía,

sabían disipar, en regio coro
de prodigalidades, el avaro
deseo que no acaba con el día...

(462)

17 DE DICIEMBRE

Es el de delante.

ANTONIO ESPINA

¡SIEMPRE! –El servil, solícito y astuto
oficioso es apenas el remedo
de mi avanzar de precedido, el miedo
de mi paso en sus pasos, y mi luto.

5 ¡Cómo me pega a la pared su enjuto
ir sin estar! La sombra, con que puedo
tenerme, él me la quita, y yo le cedo,
con mi sombra en asombro, su tributo.

Antonio: tú le viste, en tu distante
10 mirar y ver. Hoy marcha *el de delante*,
testigo impersonal de mi agonía,

a mi vera, en mis burlas envarado:
mudo, grave y solemne adelantado
de mi esperanza, noche de mi día.

(463)

18 DE DICIEMBRE

ME recorto en mi sombra alicortada
que se adosa a los muros y desliza
su pizarra de noche por la tiza
de la adusta pared mal encalada.

5 Mi vida en superficie, suplantada
por un espectro que deshumaniza
mi contorno, me enturbia y enceniza
con su trémula sombra la mirada.

Mudo, mi doble apunta en lo que digo
10   un conato de frase, sorda mueca
que muerde la palabra y la sofoca.

Ante su fe contigua, de testigo,
las lágrimas que lloro, y que él se seca
con mi pañuelo, acaban en mi boca.

(464)

18 DE DICIEMBRE

MIS plantas, estas plantas de impreciso
paso sin huella, errantes por el suelo...
Ayer anduve firme, y hoy no suelo
sentirme las pisadas cuando piso.

5   Anduve firme cuando Dios lo quiso.
En mi solar dejaba sin recelo
bien asentado el pie que –en vilo, en vuelo–
hoy va, entre dos azares, indeciso.

Triste levitación de exasperado
10   –y en revuelo pueril de ala partida–
que cruza por la tierra, desterrado,

tras su sombra, y sin huella, en una ardida
fuga de corto alcance alicortado,
sobre otra tierra ya, también perdida.

(465)

20 DE DICIEMBRE

(Cuauhtémoc)

TIERRA de soledad, desconocida
por la planta que huye en bajo vuelo
sin poderse sentir a flor de suelo
el pie, que corre fuera de la vida.

5   Apenas en su sombra sostenida,
caída en muerte vertical, su celo
–su querencia– le acosa en el desvelo
a través de una noche mal dormida.

Tierra sola, de solos, desolada;
10 altiva altiplanicie, desplomada
desde el sol: pesadumbre en sorda espera.

La vida está en tu vida tan perdida
que, con fuego a los pies, mi muerte-en-vida
se abrasa sin un grito, a tu manera.

(466)

20 DE DICIEMBRE

...las cenizas de mi voz...

J. ORTEGA Y GASSET

EN las cenizas de mi voz apuro
un rescoldo de lumbre que no es mío.
Estoy al sol y solo con mi frío
de sombra deslizada por un muro.

5 Pendo, como de un garfio, de mi duro
perfil, que el sol incrusta en un baldío
rencor de cal y canto. Allí porfío,
perfil de voz, con mi perfil oscuro.

¡Cenizas de mi voz, que no persuaden!
10 Evasivos rezagos que se evaden
de mí, y por mí, dejándome cautivo.

Ya mi voz a sí propia no se alcanza,
y su acento es apenas añoranza
–sobreagonía– de mi acento vivo.

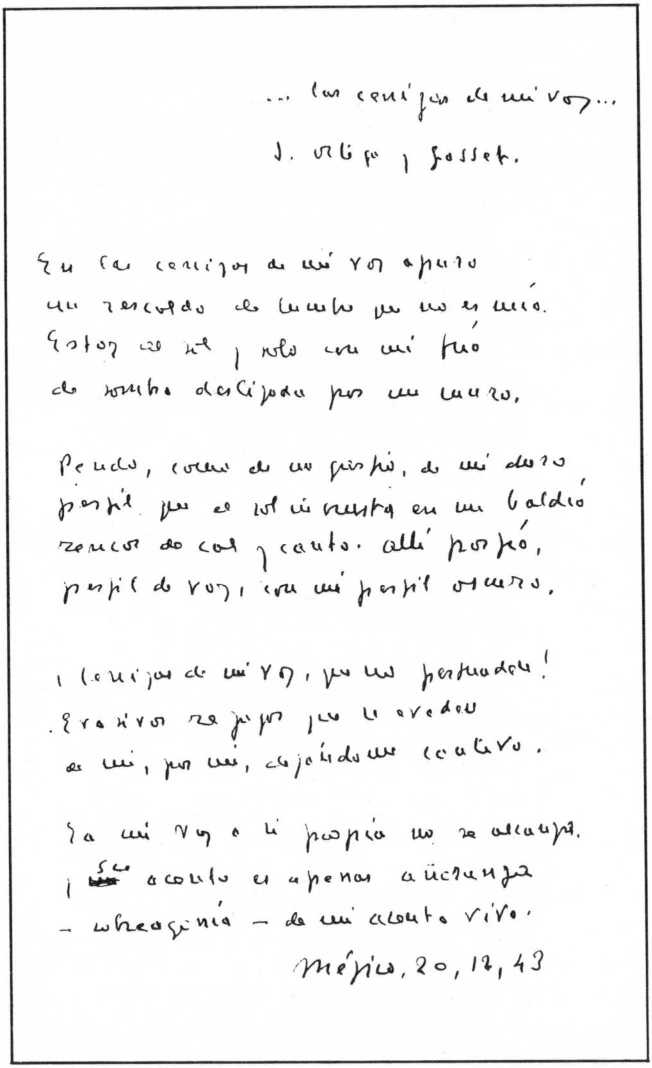
...las cenizas de mi voz...
J. Ortega y Gasset.

En las cenizas de mi voz apuro
un rescoldo de canto que no es mío.
Estoy al sol, y solo con mi frío
de sombra deslizada por un muro.

Pendo, como de un garfio, de mi duro
perfil que el sol me muestra en un baldío
rencor de sol y canto. Allí porfío,
perfil de voz, con mi perfil oscuro.

¡Cenizas de mi voz, que no persuaden!
Esquivos reflejos que la evaden
de mí, por mí, dejándome cautivo.

Ya mi voz a sí propia no se alcanza.
y su acento es apenas añoranza
—[illegible]— de mi acento vivo.

México, 20, 12, 43

Autógrafo de Juan José Domenchina
(México, 1943).

Juan José Domenchina
(dibujo de José Moreno Villa, 1939).

(467)

21 DE DICIEMBRE

(Nevermore)

ALA de sombra, un cuervo –que crascita
«Nunca»– repite su áspero graznido
a través de mi día mal vivido
y de mi noche a solas, infinita.

5   En su agorera convicción imita
mi doble desaliento persuadido
de que «nunca» la tierra que he tenido
podrá tenerme en pie, que está proscrita.

«Nunca»... Pico de grajo, el pensamiento
10   –corvo, corvino– escarba... Lo que siento
sólo puede decirse en ese «nunca»

–cuervo de negra luz, empodrecida
pitanza, interminable despedida–
que tiene el nombre de mi nombre: «Nunca».

(468)

22 DE DICIEMBRE

TARDE caída. Un árbol se deshoja.
Van en vuelo amarillo, de precitas,
las hojas secas; van, alas marchitas,
cayendo, al filo de la luna roja.

5   A sol puesto –motivo de congoja–,
patéticas quejumbres, infinitas
lágrimas y blasfemias inauditas.
Murió –barbilampiño– Barbarroja.

Y la luna, que trepa arrebolada,
10   define y consolida, en amarillo
esplendor, su vigencia, tras el orto.

Una vez más la luna trasnochada.
Y una vez más el sol muerto a cuchillo.
...Que el arte es largo y el embuste corto.

(469)

23 DE DICIEMBRE

He sabido –he sentido– que mi nombre
tiene un nombre, su nombre: el de mi sombra.
Porque esta –yo sin mí–, que no se nombra
con el mío, contesta a su renombre.

5   Por mucho que me inmute, y que se asombre
mi sombra al eludirme, más me asombra
que tal contrafigura, que se escombra
de mí, me venga a dar su sobrenombre.

«Nunca» es el nombre de mi motejado
10 luto, que a mí me llama con su apodo
–«¡Nunca!»– desde un rincón de mi presencia.

«¡Nunca!», ¡mi ayer eterno, deslizado
en mi sombra, y traído de mal modo
–¡siempre!– en la lucidez de mi conciencia!

(470)

24 DE DICIEMBRE

Y en lugar de rabeles, sordas yeles...
No agudos villancicos, amargura
de llanto entre alborozos, por la oscura
noche que te acibara con sus mieles...

5   Y, dentro de la sombra en que te dueles,
otra noche sin noche, que fulgura
–ascuas de navidad y nieve pura–
en ecos de zampoñas y rabeles.

Tu vida de irredento, redimida
10 sin remisión, se siente aniversario
de un verbo que fue carne y clara vida.

Y, al sudar agonía, como sueles
–exangüe–, tu sudor es tu sudario.
(...Y en lugar de rabeles, sordas yeles...)

(471)

24 DE DICIEMBRE

No la debemos dormir
la noche santa
no la debemos dormir.

FRAY AMBROSIO MONTESINOS

No pueden dormir mis ojos,
no pueden dormir.

ANÓNIMO

EN tus ojos insomnes, desvelado
que indagas en las sombras, has sentido
cómo llora un dolor recién nacido
con lágrimas que nunca has derramado.

5   Dolor eternamente renovado
y, eternamente, ejemplo renacido...
Lo que tú en tu locura has descreído,
te deja ya, a tu costa, cerciorado.

No, no duermas la noche que te ha dado
10   lo que tuviste como ya perdido
y encontraste en tus ojos bien llorado.

Si sentiste en su noche tu sentido,
vigila en el desvelo al desvelado
dolor que en las entrañas te ha nacido.

(472)

26 DE DICIEMBRE

TENÍAS cuatro modos sucesivos
de sentirte vivir: cuatro estaciones.
Hoy, donde pones tu nostalgia, pones
días remotos, de tu ayer, cautivos.

5   Días netos, cabales, exclusivos
de su estación, y copia de sazones
distintas: primavera a borbotones,
verano de minutos exhaustivos,

otoñada severa, invierno adusto...
10 Días inconciliables, con su justo
perfil, con sendas luces, con exacta

fisonomía propia... No estos días,
confusos, en confusas agonías,
de abstractas sombras y de luz abstracta.

(473)

27 DE DICIEMBRE

*Tu pena adulta llora, con vagido
informe de dolor recién nacido...*

J. J. D.

TU vida, ya madura, con su adulto
dolor en la miseria prosperado,
te lleva, sin llevarte a ningún lado,
entre la sombra de tu sombra oculto.

5 No va tu vida cierta con el bulto
de tu cuerpo sin alma, que ha llenado
de viva muerte en pie quien ha robado
la tierra a tu cadáver insepulto.

No es dejarse morir, es no dejarse
10 vivir, lo que te exige tu obsesivo
dolor, que así pretende no acabarse.

Más allá de la muerte, lo que escribo
no puede darse en vida, ni abarcarse
con pensamiento corto de hombre vivo.

(474)

27 DE DICIEMBRE

Estás en tu papel.
J. J. D.

La letra mata.
ANTONIO MACHADO

LA pluma ilesa va con vuelo herido
a borrar la patética blancura
del papel –¿siempre virgen?–, sepultura
de palabras que apenas han nacido.

5   Sentimiento acerado, su sentido
aspira a pensamiento: tu escritura
sabe surcar en surcos de amargura
el papel –agua en blanco– sorprendido.

En tu papel estás, pero te mata
10   la letra. ¿No es tu sombra lo que escribes
y tu muro encalado tu papel?

La sombra de tu tinta te retrata,
y, en sus trazos delebles, lo que vives
se cifra en signos y se abrasa en yel.

(475)

28 DE DICIEMBRE

SON rasguños de tinta, cicatrices
de la pluma acerada... Como ceros
de luto, en papel frío, llevan, hueros
instantes, las palabras que no dices.

5   Bien está que te ocultes y deslices
en tu sombra; que vayas, en huideros
minutos enlutados, por senderos
propios, sin arrancarte las raíces.

No quedará en palabras abolido
10 el fervor de tu acento, ni fallido
el eco de la voz que no te nombra.

No frustres tu propósito en un acto.
Estáte en tus propósitos, intacto,
mientras vayas de vuelta por tu sombra.

(476)

29 DE DICIEMBRE

(Caricatura)

CRUJE la carne prieta en la manzana,
y el pellizco que pizca carne moza
cruje. Y cruje y, crujiendo, se alboroza,
el jergón en su jerga más liviana.

5 Noche de tole-tole, toledana.
La sangre, bien batida, se remoza.
No preguntes. La moza, que retoza
sabiamente, no es culta culterana.

Sabe mucho –y a poco–, en su ejercicio,
10 que es ciencia infusa y arte del oficio,
la buscona perdida que encontré.

«Tú me mueves, señor...» Noche de suerte.
Me escapé de mi sombra –de mi muerte
constante– en un pecado, que pagué.

(477)

31 DE DICIEMBRE
1 DE ENERO DE 1944

...camisa de culebra en el camino...

J. J. D.

UNA vez más tu piel, tu desprendida
piel de reptil, se pudre en el sendero,
junto al descamisado pordiosero
que nos viene a vender la nueva vida.

5   Con planta sin raíces, mal prendida
a la derrota de su derrotero,
va el paso peregrino del romero
extático en su punto de partida.

El curso –intemporal, intempestivo–
10   de este tiempo que pierde su andadura
queda absorto en instantes sin motivo.

...Tu amanecer difuso nos augura
otro permanecer, otro cautivo
tiempo en espera, por la noche oscura.

(478)

2 DE ENERO

¡SEÑERO, inaccesible señorío
que se arrisca en las cumbres, escotero!
Abajo, por el polvo del sendero,
anda un andar de sombra su extravío.

5   Anda un andar de sombra, tuyo y mío,
sombra caída de mi andar señero...
Pero no me conozco en el romero
que peregrina por su descarrío.

Ayer, la vida unánime. Mi impulso
10 feliz, con la verdad acabalado,
sembraba su unigénito pisar.

...Amortíguase el eco de mi pulso.
...Se me rompe el destino mal trabado.
...Se me borran las huellas al andar...

(479)

3 DE ENERO

Y QUERÍA ser árbol. La llanura,
feraz cautiva de su sembradura
corta, pretende alzarse, en su verdura
enana —a ras de tierra—, hasta la altura.

5 ...Y quería ser árbol. ¡Tantas horas
en extensa quietud, tantas auroras
en alto, tantas aves trinadoras
que se arrebatan arrebatadoras!...

¡Subir! Surcos caídos, camellones
10 en pie: ¡tan pedregosos sus hondones,
tan liviana su costra de terrones!

Luto de tordos, burla de perdices,
canto de grillos, huella de lombrices...
...Y quería ser árbol sin raíces.

(480)

4 DE ENERO

(Agonía de ayer)

PERFIL, duro perfil. El demacrado
rostro, que en hueso y piel se te perfila
desde un adentro a contraluz, destila
su amarillo difunto —y enterrado.

5 Caminas de perfil —andas de lado—,
y te consterna ver, en tu pupila
zurda, cómo te come y aniquila
ese mal, que tú sabes, ignorado.

Cada vez es tu sombra más enjuta.
10 Y, cuanto más enclenque, más te enluta
con lo poco que da de tu presencia.

Ya casi imperceptible, tu trasunto
mural le va quitando, punto a punto,
su dimensión de sombra a tu existencia.

(481)

5 DE ENERO

ESBELTA curva del amanecer.
La noche, perezosa, desceñida.
Algo, que fue muy dulce, va en huida.
En el lecho un contorno de mujer.

5 Empieza el mundo, porque empieza a ser
claro el dolor. La angustia de tu vida,
sin límites borrosos, definida,
se incorpora en tu cuerpo sin querer.

Empieza el día, que te empieza a ver.
10 Y te yergues, vencido, en la arrogante
insolencia del sol, para caer

en tu sombra de ayer, más adelante.
...Con tu paso perdido –tan distante
de tu paso– tropiezas como ayer.

(482)

6 DE ENERO

TODO lo que viviste está tan triste:
¡es tan recuerdo y sombra de la vida!
(Pintura desvaída y desteñida
de las cosas lejanas que tuviste.)

5 ¡Está tan triste todo lo que viste
con tus ojos de larga despedida!
(¡Qué mal encuentras siempre la perdida
noción remota de lo que perdiste!)

De tu vida de siempre no trajiste
10 más que esa larga sombra amortecida
que en tu cansado desistir persiste.

No se cumple, en la tierra prometida,
el nuevo mundo afín que descubriste
como una Nueva España bien perdida.

(483)

7 DE ENERO

EL estupor o pasmo que arrebata,
el desliz de la sombra que te huye,
la larga noche, el sol que te deslumbra
sin alumbrarte el alma que te quema...

5 Todo este mundo, hallazgo sin sentido,
que no puedes sentir, que no te tiene,
que no te alcanza porque no lo alcanzas,
está, como un reproche, ante tus ojos.

Está, fuera de ti, con su belleza
10 radiante, que te ofusca, y que, en tu ciego
perseverar de sombra, no percibes.

...Quizá un día, y ya lejos, acodado
en la nostalgia de una tarde limpia
de abril y sol, quizá lo recuperes.

(484)

7 DE ENERO

LA mano que conlleva tu escritura
lleva muerte –la muerte, que te lleva
la mano–; en el papel pone tu pulso
con su sombra deleble el luto firme

5 de la tinta indeleble. El trazo corto
es largo vuelo de papel escrito:
un vuelo de papel en el espacio
que recorre la pluma desalada.

Buen dictado. La pluma –amanuense
10   dócil– copia la voz de tu silencio
–¡gran decir!– que, en las letras que perfilas,

te llama a gritos por el aire en blanco
de ese papel de todos, doble cifra
mortal de tu elocuencia sofocada.

(485)

8 DE ENERO

(Evocación)

Son las rachas de marzo. Son el viento
y las puertas... El aire, golpeado,
doblado y en los muros remachado...
Tiene luz de marfil el aposento.

5   Esa luz la difunde un macilento
cadáver en un túmulo acostado
y, entre sus cuatro velas, mal velado
por su envidiosa luz de amarillento.

Hachas al viento son –hachas al viento
10   de la muerte, en la casa amortajado–
los blandones de duro temblamiento.

Y en los cristales choca el aire airado
de fuera, ante el despojo y yacimiento
de un hombre que fue viento huracanado.

(486)

9 DE ENERO

Silencio. Tu silencio, que te enluta
la voz con sombra de palabras muertas,
sabe ya que, en los mutis con que aciertas
a negarte, se afirma la absoluta

5   misión de tu palabra en voz enjuta.
Que empapen otros con salivas yertas
el torpe verbo de sus frases tuertas,
tropezadas, al filo de tu ruta.

Dices el «sí» rotundo de tu vida
10 y el «no» imperioso de tu desistir,
mientras otros balbucen, con vendida

palabra, un «qué sé yo» de ir y venir.
Que tú tienes tu vida –tu escondida
verdad– y ellos su tiempo de mentir.

(487)

10 DE ENERO

Lo que socava tu fisonomía,
y te escurre el aliento con su huella
macabra, no es tu muerte, es la querella
de tu pasado –vivo en la agonía

5 de tu día sin tiempo– con tu fría
pasión de no vivir, donde se estrella
el mundo –sombra extraña– y se te mella
el filo corvo de tu muerte al día.

Es sentir que el sentido que tuviste
10 no te puede tener; es acordarte
de la vida ganada que perdiste.

Es buscarte en tu sombra y encontrarte
perdido y, más que enfermo, y más que triste,
a solas con tu oficio de evitarte.

(488)

11 DE ENERO

...siempre juntos
nuestros lados, mujer, tan separados...

J. J. D.

¿A TU lado? Tu lado, tu exquisita
contigüidad gozosa, como lado
de tu existir, me deja mal sitiado
en el margen –tú y yo– que nos limita.

5   Porque estoy a tu lado, que me evita
lo que tienes adentro bien guardado,
soy hombre ajeno y marginal, al lado
de la linde que a mí me delimita.

Juntos, en la recíproca barrera
10   que nos separa mutuamente, hacemos
los dos, y entre los dos, la vida entera.

Tú límite, y yo límite, corremos
para unirnos al fin, una carrera
dividida en los cauces que tenemos.

(489)

12 DE ENERO

Yo tengo mi dolor. Tiene una cuita
el cuitado. Su queja, quejicosa,
que no le cabe dentro, y le rebosa,
remédale una angustia que él imita.

5   Pretende que el llorar le manumita;
que trabaje su pena, laboriosa
y parodiada, por su vida ociosa.
Quiere tener, en fin, queja infinita.

Iracundia blandengue, voz contrita,
10 pedigüeña, servil, menesterosa:
eco, reminiscencia, plagio, cita.

¡Nadie se duele de su aspaventosa
miseria en balde, que le precipita
en una inanidad vertiginosa!

(490)

13 DE ENERO

QUIEN me dice, asombrándome, «¡despierta!»
—¡«despierta», al soñoliento que no duerme!—,
grita, en rigor, «¡al arma!» al nunca inerme
y pretende alertar al siempre alerta.

5 Quien se obstina en abrir mi puerta –abierta
de par en par–, y dice conocerme,
¿qué es lo que ve, al mirarme –y al no verme–
en el umbral a solas de mi puerta?

Todo lo que luché por definirme,
10 ¿me dejará por siempre indefinido
para, al sobrevivirme, desmentirme?

En mi dolor de incógnita caído,
¿cómo, de qué manera, puedo erguirme,
cuando así me descifran el sentido?

(491)

14 DE ENERO

(Caricatura)

TE apuñala el tenor con su sañudo
do de pecho; el soprano, con su fina
daga dorsal y aviesa, y, con sordina,
te zumba, ronco, el bajo campanudo.

5 Te detestan así, con el agudo
rencor o el odio a rastras de su inquina,
por ser hombre, mortal de voz divina,
y no tiplisonante tartamudo.

En su oficio fatal, que es peliagudo,
10 rebasados cantores, los malsina
su timbre –bien castrado, o bien barbudo–,

que es coro angelical en la Sixtina
o trueno de pistones, pistonudo...
¡Tú eres hombre, mortal de voz divina!

(492)

14 DE ENERO

*(La daifa y el hombre
serio de la cana al aire)*

DAIFA de puerta –abierta al transeúnte–
que pretende vender un par de ojeras
y un insomnio movido, en placenteras
entradas y salidas, con traspunte.

5 El amor hecho a máquina –a pespunte–
cose y recose mis zaragateras
veleidades de amor, arrabaleras.
(Diseño a lápiz, marginal apunte.)

El traspunte –el rufián– no se equivoca.
10 Apunta por los tres la desvelada
situación en su augusto ministerio.

¡Cuerdo recuento de la vida loca!
Para una ociosidad tan ocupada
no puede haber más libre cautiverio.

(493)

15 DE ENERO

(Eco de un eco...)

PASO a paso, el camino; paso a paso,
tu sombra, que duplica en tu mirada
su inanidad difícil, deslizada
—junto a ti y contra ti— de paso a paso.

5 Sin alejarte nunca, a medio paso
siempre, prolongas más tu prolongada
angustia de sentirte agonizada
vida en sombra impertérrita y al paso.

A medio ocaso vas, y a medio paso,
10 por un camino, ajeno a tu pisada,
que te quita la huella al darte paso:

por un camino que no tiene nada
tuyo ni suyo, porque está a tu paso,
porque vive en tu paso de pasada.

(494)

15 DE ENERO

Ojo avizor de un secreto
que estudia bajo la piel
su salida de doncel
póstumo...

J. J. D.

¡HORA desesperada y amarilla!
Lo que fue conjetura —el esqueleto—
acicaló su espátula, en secreto,
con filo y contrafilo de cuchilla.

5 Quiere ver y palpar la maravilla
del sol. Bajo la piel, su recoleto
afán ya no soporta ese concreto
oficio de soporte que le humilla.

Duro perseverar en un ahínco
10 a flor de piel, y a fondo, con los cinco
sentidos y frenética premura,

para sacar a luz un arrogante
póstumo y descarnado, en la radiante
muerte en cal viva de la sepultura.

(495)

16 DE ENERO

...¡cómo siento que estoy en ningún lado!

J. J. D.

¿AQUÍ? Los ojos, ciegos, eludidos,
miran y sienten una luz remota.
La mano sin codicia, palpa y nota
que acaricia deleites abolidos.

5 No estás en tus sentidos, resentidos.
Estás, entero, con la vida rota,
ganándote a conciencia la derrota:
esperándote en todos los sentidos.

¿Allí? Sí, allí fue España, feudo ardiente
10 que te tiene, sin yugo, subyugado:
que te guarda el futuro y el presente, ·

que no deja que pase tu pasado.
Ni aquí ni allí, la vida, que te siente
morir, ¡cómo te siente en ningún lado!

(496)

17 DE ENERO

A Paulino Masip

«Siembras vida española con tu paso
remoto. Pones patria en tu camino.
Das España, al llenarte de destino
español: gloria de perpetuo ocaso.

5   »México vive España en tu fracaso:
la recorre en las huellas de tu sino,
porque va, tierra firme, peregrino
por la vida española de tu paso.»

Hablaste así. Lo que dijiste, acaso
10   se tome a españolada, a desatino
procaz con cuatro siglos de retraso.

Yo no tengo tu fe. Ni tú, Paulino,
mi «noche triste». Pero nuestro paso
nos pone el sol de España en el camino.

(497)

18 DE ENERO

(Testamento ológrafo)

«...Y sépase que yo, viejo cristiano
rojo, de limpia sangre azul, vecino
de Madrid, y residente peregrino
aquí, en Tenochtitlán —postcortesiano

5   »imperio gachupín del lucro indiano—,
otorgo borrador de mi interino
testamento fatal, en paladino
romance, por mi gusto y por mi mano.

»Mi presunto cadáver de secano
10   se humedece en el póstumo destino
de mi voluntad última. Escribano

»—pendolista— en la curia de mi sino,
ante mis testes, testimonio, ufano,
que mi vida se va por donde vino...

(498)

18 DE ENERO

(Sigue)

»Como español de sangre, y buen vecino
de mi Madrid natal –que es soberano
señor de sus Españas, y aldeano–,
otorgo testamento peregrino

5   »con una vida en vuelta, de camino...
Porque, no sano de mi cuerpo, y sano
de entendederas entendí mi arcano,
lego mis lucideces de latino

»a mi oscuro *alter ego* mariguano.
10   Porque quiero llegar a mi destino,
pido tierra española, de gusano

»español, en mi pueblo pueblerino.
Que me lleve el camino mexicano,
que es tierra generosa, a mi camino...

(499)

18 DE ENERO

(Y acaba)

»*ITEM más:* Este anillo porfiriano
que anilló en oro puro su destino
azteca a mi radiante desatino
cordial..., no me lo quiten de la mano.

5   »*Item menos:* Me voy como cristiano.
Otrosí: No respondan con latino
responso al aleluya de mi trino.
Otro no: No me cobren lo pagano.

»*Item más*: Tengo un pique puritano
10   de purista, de ortógrafo, que vino
de Castiella: la *j* en mejicano:

»*x*, incógnita que no adivino.
(Archive el protocolo americano
las cláusulas que yerre mi buen tino.)»

(500)

18 DE ENERO

...Y COMO te desdoblas, y tu adjunto
diseño en sombra sigue por su lado
junto a tu vanidad de remedado,
no sabes qué es vivir como conjunto.

5 Cortas la vida con perfil difunto.
En el muro implacable laminado
o por tierra caído y arrastrado,
sufres, reloj de sombra, tu hora en punto.

Para tu vida ajena y sin asunto,
10 que te dejó en tu doble desdoblado,
sólo existe un espejo: tu trasunto.

Y aunque no se descuide tu cuidado,
tu *alter ego* de sombra, cejijunto,
para dejarte atrás, te da de lado.

(501)

19 DE ENERO

HORA perdida y, sin embargo, en punto;
hora que, para oírte el pensamiento,
acentúa sus voces sin acento
en un desconcertado contrapunto.

5 Buscándote en tus trizas un conjunto
humano, sólo encuentras tu esperpento:
instantes interinos, de momento,
entre parodias bufas, sin asunto.

En la rígida sorna de tu adjunto
10 doble, tu precedido sentimiento
adelanta tu hora de difunto.

Y te aburre, macabro, en su *memento*,
el *consummatum est* de hombre consunto
que es tu sobrevivido acabamiento.

(502)

20 DE ENERO

(Apunte)

Los grandes ojos verdes, en la cara
trigueña, son –como la boca, avara
de labios– tristes. Y la voz de... clara
india andaluza, de Guadalajara.

5 El cuerpo, indómito –que nunca pudo
bienavenirse con su traje haldudo–,
se le sale al escote, confianzudo,
porque ha nacido para andar desnudo.

Su empalagada voz, ¡qué bien me sabe!
10 ¡Cómo y cuánto le baila en el jarabe
de pico –consabido– su «quién sabe»!

Ese «quién sabe» que se arropa el frío
amargo de la vida, en el estío
goloso del jarope tapatío.

(503)

20 DE ENERO

(Toledo. Carbón)

¡Ay, negro balandrán estremecido!...
Bajo un cielo de sombra, amontonado
de nubes, sopla el viento huracanado.
Como un grajo que vuela perseguido,

5 se bebe el viento –al aire sacudido
igual que el balandrán–, en su azorado
manoteo de luto, el tonsurado
que se siente en el aire suspendido.

Sin sombrero de teja, destejado
10 –pues la corvina teja se le ha ido
y el solideo adjunto le ha volado–,

y de su negra vida arrepentido,
quiere aplacar al dios del aire airado
que le airea un rencor enrarecido.

(504)

21 DE ENERO

(Intermedio sentimental, siglo XIX)

PERO –¿aún? ¿todavía?– una mirada...
mutuo sendero a medias recorrido,
...¿con ilusión recíproca? ¿He tenido
ojos para mirar? Pues... no sé nada.

5   ¿Una *ella* de incógnito, escapada
de mi onírica sombra, en consabido
pasmo de dúo al por menor vendido
como aventura del azar, pagada?

Sé, como sabidor, que no sé nada.
10 Pero me fui –¡sin duda!–, y no he venido,
no he vuelto en mí, a mi sombra postergada.

¡Y no sé –me lo juro– cómo ha sido
ese ciclón de vida, que, en airada
revuelta, de mi sombra me ha barrido!

(505)

22 DE ENERO

EL árbol dice con su sombra inmoble
que tiene inmoble tronco, y su aireada
frondosidad se mueve en la azogada
palpitación en sombra de su doble.

5   Tiene tocón inconmovible, noble
raíz por tierra y sombra encadenada
y las hojas del éxodo, en atada
inquietud verde, sobre el tronco inmoble.

Está en sí, y sobre sí, perfecto. Tiene
10 la tierra que le tiene. Tiene vida
propia, bajo el sostén que le sostiene.

Y la luz, que le llega de caída,
se remonta en sus hojas y le viene
a renovar la pesadumbre erguida.

(506)

23 DE ENERO

No sé. Supe. La vida, poseída
en absoluto, estaba a mi servicio.
Hoy, intentar servir es mi ejercicio,
que ya no tengo a mi merced la vida.

5 La sombra que me tiene, mal tenida
por mi atada evasión, es el suplicio
que me incrusta en la carne su cilicio
dándome una existencia repetida.

Como llevo una vida precedida
10 por una sombra muerta, que es mi vicio
fatal, y la parodia de mi huida

va en la abstención a muerte de mi oficio,
siento que es mi caer doble caída
en un precipitado precipicio.

(507)

24 DE ENERO

¿Un ángulo? Un bostezo. Todo y nada.

J. J. D.

Difunto. Punto. Fin. Pluscuamperfecto
sanseacabó. La vida –concluida–
tiene ya, con su muerte a la medida,
la dimensión cabal de lo perfecto.

5 El cadáver se queda con su infecto
reposo horizontal, y el alma, huida
verticalmente, lleva a nueva vida
su síntesis feliz de ángulo recto.

Ya sí, ya está –¡evidente!– en sus dos lados
10 unidos la que anduvo separada,
y paralelamente, en dos cuidados.

Ya concluyó, perfecta, su acabada
finalidad sin fin. (Noventa grados
de vida equidistante y bostezada.)

(508)

25 DE ENERO

(Mutis)

ESTE... señor –¡señor!– es un actor
de actuada prosodia. Tiene mucha
escena –muchas tablas– y se escucha
lo que dice por cuenta del autor.

5   Tiene prestancia de desfacedor
de entuertos, y se saca de la hucha
del tórax párrafos de paparrucha
y locuciones de... interlocutor.

Tiene la voz rechoncha o larguirucha:
10   a gusto –y nunca a gusto– del autor.
Su expectación sin público le achucha,

a conseguir alcance de Estentor.
...Su gloria es la indulgencia, algo pachucha
y expectorada, del espectador.

(509)

25 DE ENERO

...Y, sí, se puede no vivir, se puede
sumir la voz y postergar el gesto
y prescindir del petulante apresto
y hablar con voz cedida que intercede.

5   Se puede no cejar, mientras se cede
el paso, la apostura y aun el puesto.
Sí, se puede ser sombra, sin pretexto
de vida, que en propósito se quede.

Sí, se puede ser hombre desistido,
10   mortal entre dos luces, evitado;
paso de huella incógnita, escondido;

andariego en camino desandado,
descaminado... Pero estoy rendido
de no vivir; de desistir, cansado.

(510)

26 DE ENERO

Sí, se puede morir en largas horas
sin tiempo, cuando son interminable
fin de toda la vida deseable:
ni engañadizas ya ni engañadoras.

5 Destiñendo su luto, son raptoras
de rapacidad lenta, de insaciable
voracidad, que muerden entrañable
vida, en pausas sin tregua, extenuadoras.

Sí, se puede morir a muerte lenta,
10 sentir qué no es la vida, aunque se sienta
la vida, en torno ya, descoyuntada...

Mirarse, demacrarse en los espejos;
verse, de cerca y empañado, lejos...
...y sentirse camino sin llegada.

(511)

26 DE ENERO

Círculo de mi desdén.
Mueca fofa. Comisuras
relajadas. Ver no ver.
....
Hombre ajeno, ¡ay hombre ajeno!
Hombre ajeno alguien lo haría.
Enajenado y difícil
cero de fisonomía.

J. J. D.

SOMBRA asombrada. Sombra sin recato
de mi recato. Absurdo jeribeque
que me llega a aburrir, sin que me obceque
con su obsesión de carne en garabato.

5 Sombra otra vez. Y mala. Desacato
de sombra. Como burla –como trueque–,
me repite sin fin para que peque
y pique en sombra al sol mi autorretrato.

Adumbración patética. En el cero
10   de mi fisonomía desdeñosa
se descarna un agudo mal agüero.

Ya no hay desdén ni cero –hay otra cosa
más negativa y nula– en el severo
perfil de mi mandíbula angulosa.

(512)

27 DE ENERO

Mi cómplice perpetuo, mi alegato
de sombra, mi pasquín en la pared,
apaga la cal viva, no la sed
de mis fauces. Estoy en su retrato

5   parcial, bilateral como un contrato,
y escabullido de mi propia red.
No me persuade mi remedo. Ved
cómo me acaba y me rescinde el trato;

cómo, de qué mal modo, su maltrato
10   despótico me pega a la pared,
haciéndome sentir su desacato:

burla de veras parodiadas. Ved,
en fin, cómo arrebata el arrebato
de mi sombra en la sombra de mi red.

(513)

28 DE ENERO

(Fragmentos de una carta)

«...Y TRABAJO en mis ocios a destajo.
Tengo necesidades perentorias,
que aplazo y me desplazan. Mis memorias
inéditas abruman mi trabajo.

5 »Dicen que son tajantes, como el tajo
de mi labor. Hipótesis... Historias...
Porque sólo transito transitorias
y rodeadas vueltas en mi atajo.

»...Ayer he conocido a una delicia
10 de mujer joven, que se llama Alicia
...no sé qué. Es estupenda. Y es cubana

»rumbosa, *danzatriz* de rumbas hórridas,
que nos quema la sangre con sus tórridas
retorceduras de culebra humana...

(514)

28 DE ENERO

(Sigue)

»ESTA esbelta mujer..., tan serpentina,
no tiene −¡no!− la amarillez felina,
viscosa y lúbrica de Josefina
Baker, la sibilante viperina.

5 »No trasciende su cuerpo a salvajina
tropical, es decir, a sobaquina
catingosa y a fiebre de calina,
aunque es su aliento lumbre que calcina.

»Tiene... ¿cómo diré?... tiene *calunga*
10 −calunga es hambre erótica, y no es chunga−,
cachondez exogámica y sandunga:

»un galope de vientre y de cadera
que disloca en danzón una habanera...
−¿No es así como quieres que te quiera?

(515)

28 DE ENERO

(Y acaba)

»ESTA mujer de carne exasperada
—elástico y candente desatino
de cuerpo en frenesí— no pierde el tino:
lo pierde, si la mira, la mirada.

5 »Su sísmica opulencia, bien temblada,
sufre —trepidación y torbellino
de lava ardiente— terremoto andino
que da luz a una luz desentrañada.

»¡Ay, quién llegase, y no con la mirada,
10 al recóndito cráter de su sino,
coyuntura de amor descoyuntada!

»¡Quién llegase al patético destino
—telúrica pasión resquebrajada—
de donde mana, hirviendo, su camino!»

(516)

29 DE ENERO

A thing of beauty is a joy for ever.

KEATS

My name is may-have-been.
I am also called: No-more, Too-late...

DANTE GABRIEL ROSSETTI

«AH, sí. Una cosa bella es alegría
perdurable, sin límite y sin duda.
Y una mujer —una mujer desnuda—
se llama eternamente "Todavía".

5 »Como en tus claras noches es de día,
y en ti la claridad se desanuda
sus más íntimos velos, lo que escuda
a tu lado la noche es cosa mía.

»Es lo que llevo: mi melancolía.
10 Lo que me trajo de mi fe: la duda.
Lo que en mí persevera: tu porfía.

»Mi nombre –"Pudo ser"–, que se me muda
en "Jamás" y "Ya es tarde", te diría,
si se atreviese, mi verdad desnuda.»

(517)

30 DE ENERO

(Apunte)

«¡RADIANTE frío de diamante: enero
de Madrid! Nace el día, esmerilado,
mate, lechoso, como algodonado,
sobre un frío de noche, bajo cero.

5 »A trasquila de sol, queda el cordero,
glacial y matinal, desvellonado.
Y el mediodía, limpio, y bien tallado
en facetas de luz, como de acero.

»...Tendréis ahora el frío que yo quiero
10 –¡lúcido frío de Madrid!–, helado
y transparente soplo de nevero,

»de cumbre; Guadarrama derramado
en ese sol, tan solo, que yo espero
ardido a pleno sol y desolado!...»

(518)

30 DE ENERO

(Fragmentos de una carta
madrileña. Vía Gibraltar)

«...YA sabréis la agonía del tirano
que sólo piensa premeditaciones
y que soba en avaras tentaciones
su vil rescate con infecta mano.

5   »En fría lucha, sufre de antemano
ignominiosa muerte... Sus bufones
no le reviven con resurrecciones
imperiales: se muere de villano.

»Se muere, contra Dios, entre oraciones
10 de su clero... papal, que es hitleriano,
y que le hisopa con sus bendiciones...

»...Se muere contra España, en inhumano
y póstumo rencor, y entre pasiones
arrastradas y viles, de gusano...»

(519)

31 DE ENERO

(Fragmentos de una carta madrileña
–vía Lisboa–. Versión pesimista y enfática)

«ESPAÑA escurre por sus largos ríos
–que no llegan al mar– rencor y muerte.
Los guarda para sí, ya no los vierte
ni escupe: vive de sus odios fríos.

5   »Está inmoble en sus tercos desvaríos
invariables. Se supone fuerte.
Y ve, en su inercia, sin sentirse inerte,
caducar los adversos poderíos.

»Negro peñasco, que cercó la piedra
10   hostil y el lodo ajeno, y sepultada
en ruina rencorosa y mustia yedra,

»persiste, a piedra y lodo, en la enconada
pasión de demolerse piedra a piedra
hasta ver su aridez recuperada.»

(520)

31 DE ENERO

(De una epístola matritense.
Versión patológica y empequeñecida)

«VOY a morirme... Mi dolencia es grave.
Ya sabéis... un mal crónico, demencia
nada precoz, y luego, la abstinencia
o acidosis de ayuno... que se sabe.

5   »Mi médico –aun más grave– se precave
o se cura en salud, porque la ciencia,
que es su pozo, agoté... y en la... asistencia
que me ayuda a morir, mi mal no cabe.

»Caín sigue muy bien... de entendimiento
10   y de salud: nutrido y opulento.
Su mujer es muy joven y muy hermosa.

»Se vive bien aquí, cuando se vive.
Hay lujo y *libertad*. No se prohíbe
más que [*frase ilegible*]... decorosa.»

(521).

1 DE FEBRERO

*(Post scriptum ajeno a
la carta anterior)*

«MURIÓ Abel de su muerte... necesaria.
Tuvo una intensa y lúcida agonía.
Supo –supo saber– de qué moría.
Supo morir de muerte solidaria

5 »solo con su agonía solitaria,
palpando muerto lo que más quería:
todo ese mundo que con él vivía,
que tenía con él muerte precaria.

»Murió solo. La mano mercenaria
10 que le cerró los ojos no podía
sentir una piedad innecesaria...

»Y su hermano Caín –que «no asistía
al entierro por...»– dijo, en lapidaria
plegaria: "Tuvo el fin que merecía".»

(522)

1 DE FEBRERO

(Epitafio)

«ALLÍ –donde Dios quiso– yace, entraña
viva, un cadáver más: la anatomía
descompuesta de un hombre que tenía
el corazón partido, como España.

5 »No se plegó a mentirse en la patraña
con que... el resto de España se mentía.
No fue resto sumado. Tuvo, un día,
por tener vida propia, muerte extraña.

»Vivió la luz de España, que no engaña,
10   que es bisturí tajante o mediodía
que con su lúcida pasión se ensaña.

»Y murió porfiado en su porfía
de terca adversidad. Murió de España
—de la España ya muerta que él tenía.»

(523)

2 DE FEBRERO

Aboli bibelot d'inanité sonore...

STÉPHANE MALLARMÉ

A Alfonso Reyes

Lo que Góngora dijo en castellano,
y alquitaradamente, yo no sé
si acertara a decirlo Mallarmé
en su idioma de... letras, inhumano.

5   Usted con su alambique mexicano
destiló en propio estilo a este *fané*
Estéfano, que tuvo un no sé qué
—abolido— perfectamente vano.

¿Su inanidad sonora? Valéry
10   —arquitecto selecto— nos diría
en verso esclarecido: «Yo la vi».

Usted supo «no verla». —Poesía
que está en cada palabra *porque sí,*
y porque... *con razón* ya no estaría...

(524)

3 DE FEBRERO

(Monserga)

No mezcles en tu acuerdo tu recuerdo,
no maltraigas pasados a tu vida,
que quien encuentra su razón perdida
da en la locura de sentirse cuerdo.

5   No recuerdes jamás el desacuerdo
que te trajo a existencia mal vivida.
No te frustres la vida en la fallida
pasión oscura de «no estar de acuerdo».

Te tiene lo posible, y lo posible,
10   que te borra la vida, es tan endeble...
o tan mezquino, como ineludible.

Tu contextura de titán es feble
soplo de vida, réplica falible.
Ni tu dolor de sombra es indeleble.

(525)

4 DE FEBRERO

(Daifa arrabalera. Siglo XIX)

Sobre sucios andrajos, la greñuda
cabeza de facciones insondables.
Una mujer, en pingos miserables,
está, bajo su mugre, mal desnuda.

5   ¿Una mujer? Frustrada en su sañuda
y misérrima sombra, lamentable
trasunto de una vida innominable,
es un espectro de mujer en duda.

Se siente hervir su celo. Y en su helgada
10   boca, que expira con salacidad
su estertor de lujuria jadeada,

cruje, en un rictus sordo, su maldad
de mujer aherrojada, postergada,
y a solas, con su instinto en libertad...

(526)

6 DE FEBRERO

AQUÍ tengo, Señor, la maravilla
de tu mundo, bien puesto en desvarío.
Tu desapoderado poderío,
que no me puede sujetar, me humilla.

5   En el perdón que nos otorgas, brilla
tu ausencia de rencor, que te hace mío.
Y a ti me lleva por mi descarrío
la fecunda avidez de tu semilla.

¡Pero tu omnisapiencia de infalible,
10   tu ceño de filósofo intangible
y tus barbas proféticas, Señor!...

Despoja tus piedades de su histriónico
sol de tramoya, y danos el lacónico
mensaje claro del perfecto amor...

(527)

7 DE FEBRERO

OTOÑADA precoz. Retrocedida
juventud. Primer alba del ocaso.
...Ayer *sí* resoluto y hoy *acaso*
dubitativo. Vida consabida.

5   A merced –al antojo– de la vida,
no te buscas: te sigues, paso a paso.
Vives, en la abundancia de tu escaso
saber, con la lección bien aprendida.

Ya tu paso no huella ni precede,
10   porque tu vida precedida impone
a tu planta la huella que te cede.

Y ese, que te adelanta y que dispone
de tu vida, llevándote, no puede
poner vida en el paso que te pone.

(528)

7 DE FEBRERO

BUSCO, persigo la palabra pura,
sin significación allegadiza,
todo significado, que eterniza
el Verbo que contiene en su hermosura.

5 Me rezago sintiendo su premura
radiante, que se quema sin ceniza.
Como pasión fugada, me desliza
enloquecidamente su cordura.

...Pero está en sus silencios, infalible
10 pausa, con su belleza, de imposible
alcance, más allá de mi conciencia.

Y su onírica sombra, que es radiante,
funde, tras mi vigilia vigilante,
mi claro ver y su clarividencia.

(529)

8 DE FEBRERO

...Y, ¡PARA siempre ya!, caricatura
irremediable, hostil, de una presencia
que fue viril y hermosa en su apetencia
de vivir cuerdamente la locura

5 de la vida... En el arte –¡que ya es ciencia!–
de avanzar sin desmayo y sin premura,
y siempre fiel al fiel que nos procura
la vida, consistió tu consistencia.

Hoy se te desmorona la existencia
10 y te socavan: tu contrafigura
y el consumido espectro de tu ausencia.

Y en tu caricatura no perdura
lo que tuviste siempre: la conciencia
de no desfigurarte en tu figura.

(530)

10 DE FEBRERO

En las preciosidades eruditas
de tu dicción lujosa no pudiste
poner en claro lo que describiste
con profusión de pertinentes citas.

5   Como a ciencia y paciencia te marchitas,
lo inmarcesible –el mundo que viviste–
entre tus folios se te pone triste
y ajadizo... en palabras bien escritas.

Tu red sutil, de minuciosidades
10   enredosas, es verde enredadera
que te pudo atrapar con sus verdades

y rigores. Tu criba –verdadera
pasión de hecho y deshecho–, en vanidades
lacias, te rompe la verdad entera.

(531)

11 DE FEBRERO

No mides el camino: es el camino
el que te mide y lleva en tus pisadas.
Tienes horas de tedio, prorrogadas
en minutos de angustia y desatino.

5   La senda que prosigue tu interino
paso, se escurre por descaminadas
trochas que no se sienten transitadas
cuando sienten tu pie de peregrino.

No estás en donde estás, que te quitaron
10   tu sitio, y ya no hay sitio que sustente
las pisadas por dar que te quedaron.

Por tu remoto caminar, de ausente
paso sin huella –donde te dejaron
retrocedido–, pasa tu presente.

(532)

13 DE FEBRERO

(Evocación)

«UNA rumba rumbosa, de cadera
y seno al trote... y buena galopada
del viento en la cintura desbocada.
¡Negro ciclón de carne placentera!

5   »Y desde dentro de su vida, y fuera
de la vida posible, desquiciada,
una mujer de sismos, bien temblada
en sus trepidaciones de rumbera.

»Recorre –vendaval o ventolera–
10 toda la lira... eólica, acordada
con su pasión de viento en primavera.

»E, infecunda avidez diseminada,
recibe esbeltamente su palmera
remota el polen de la vida airada.»

(533)

14 DE FEBRERO

No sentir el dolor equivaldría
a no vivir, a no sentirse vivo.
Estar entre las cosas, sin motivo,
y ajeno a todo lo mortal, sería.

5   Sería no vivir lo que podría
ser vital –lo posible o positivo:
merodearse el paso fugitivo,
desmedrado y medroso, noche y día.

Sería entrevivir –en un furtivo
10 esquivar porfiado la porfía
humana–, sin contienda o agonía,

una muerte irrisoria, sin motivo,
que no pondría fin a nada vivo,
porque nada empezado acabaría.

(534)

15 DE FEBRERO

PARA manumitirme de la vida
me tiene mi dolor tan bien guardado
que en su celo me deja libertado
al no dejarme libre la salida.

5 Y así, estoy, con mi vida redimida,
sujeto en mi mazmorra de amarrado,
por fin libre del todo: emancipado
de aquella libertad tan sometida.

Y vivo mi dolor –de rescatado
10 por el dolor– sufriendo mi escondida
custodia, sin sentirme custodiado.

...Que gané para siempre mi perdida
voluntad de vivir –recuperado–
el dolor nunca ajeno de mi vida.

(535)

16 DE FEBRERO

TE tengo en mí, sensualidad divina,
bajo mi sorda hiperestesia humana.
Y voy, desde mi ayer a mi mañana,
perdiendo el paso que me descamina.

5 Supe erguirme y alzarme en cuesta pina,
y hoy ruedo, desgalgado, la liviana
pendiente que accedí sobre mi ufana
temeridad de ser cumbre supina.

...Voy a encontrarme cuando el sol declina,
10 cuando ya me ganó con su desgana
el vivir, cuando sólo me ilumina

el sol de mi pasado, sin mañana
posible, y mate ya por la neblina
de una noche sin término, inhumana.

(536)

17 DE FEBRERO

(Dibujo)

PIEL tirante, lustrosa y atezada.
La pierna, enflaquecida por la grupa
prominente, y un seno que se aúpa
sus mellizos de carne sofocada...

5   La negligente y superabundada
cadera no permite que se tupa
la carne, harto blandengue, que se agrupa
sobre el muslo de línea desbordada.

Más que sensualidad tiene pereza
10   trasudada y despecho tal belleza...
¡Líbrate de perjurios en su Estigia!

¡Negramente falaz para el distinto,
es simulacro de pasión su instinto
de redundante Venus Calipigia!

(537)

19 DE FEBRERO

SI no voy en mi paso precedido
ni en el que le precede, porque voy
por mi pasado −donde ya no estoy−
llevándome mi andar de retraído.

5   Si no me tengo aquí, donde he tenido
que ser la sombra de lo que no soy,
y si me borro más cuando me doy
más a vivir mi ayer retro-cedido,

¿quién vive mi futuro desde el hoy
10   sin presente, de ausencias, abstenido,
en que se va mi vida y yo no voy?

A fuerza de sentir mi consabido
dolor, que es un no estar en donde estoy,
pierde mi sentimiento su sentido.

(538)

20 DE FEBRERO

...Y PROCURA eludir el laberinto
inextricable y marginal del eco
—que retuerce en su torvo recoveco
la recta marcha del andar distinto.

5 Como medras y cundes en tu instinto,
que no gustó de henchirse con lo hueco,
pretenden amoldarte en molde enteco
y en dimensión angosta, de indistinto.

Se juegan entre sí lo que perdiste
10 ganándote la vida, lo que fuiste:
tu limpio fin sin huella precedida.

Con los rencores de su vida impune,
quieren menoscabar tu vida, inmune
a su vuelta de envueltos invertida.

(539)

22 DE FEBRERO

CONTÉNTATE con ser tu contenido
afán de conocer lo que contienes.
Tienes tan largo el ir, que, cuando vienes,
te ignoras en tu andar reconocido...

5 No conoces tu alcance. Reprimido
por tardos usufructos —que entretienes,
sin contenerlos en tu azar—, no tienes
más que las huellas de lo que has tenido.

Tu grave continente, que te guarda
10 el eco de una vida poderosa,
sufre una vida al margen, que te aguarda.

Y te esperas sin fin, porque te acosa
en tu fin prematuro, que ya tarda,
la angustia de tu vida presurosa.

(540)

22 DE FEBRERO

CON el dolor, que fue mi entraña, al lado,
ya remoquete de mi ser antiguo,
me sufro en duelo lateral, contiguo,
porque estoy en mi margen marginado.

5   Mi pausa embarazosa, de quitado
de en medio –de su medio– en medio exiguo,
no puede decidirse con su ambiguo
estar de más, sin puesto y apostado...

Apostado en la noche suplantada
10   que me repite la desfigurada
imagen desistida de mi ayer...

Lo que me duele junto a mí es mi adjunto
dolor supervivido, de difunto,
que escucha mi callado desnacer.

(541)

24 DE FEBRERO

MI sombra de pasión –que es vida en sombra–
me tiene ante la luz tan bien quitado,
que, con mi huella errante, de evitado,
me voy hasta del nombre que me nombra.

5   Mi vida de incendaja desescombra
su cimiento mordido y excavado
por el dolor y en él edificado
pasmosamente con pasión de sombra.

Si no llego a mi vida, rodeada
10   por mi paso sin huella, es que el camino
juega con el azar de mi pisada.

Así sufro mi infierno de interino
sempiterno en mi huella, mal hollada
por el paso sin dar de mi destino.

(542)

25 DE FEBRERO

Es ir, estar sin puesto, postergado
en un sopor errante, de traspuesto.
Es presentirse marginal supuesto.
Es sentirse, en falsilla, refalsado,

5   hombre sin pauta, de papel pautado,
que no se acuerda –porque está mal puesto
en su memoria al día, de interpuesto–
con su acorde de ayer, desconcertado.

Es escucharse el fin desafinado,
10   huyendo entre dos sombras, y a sol puesto,
del vivir de los hombres recantado.

...Sentirse de prestado, y sólo presto
a negar, a burlar, el renegado
existir que nos suman como resto.

(543)

26 DE FEBRERO

Tu extenuación es lenta, tu premura
vertiginosa... Escribe tu agonía
–el esqueleto de tu muerte al día–,
porque te sobrevive tu escritura.

5   Se desmorona la caricatura
que desfigura tu fisonomía
de socavado a muerte, y se te enfría
en noche el ascua de tu calentura.

Ya amortecido, tu contrafigura,
10   que poco a poco te disminuía,
se reduce a copiarte la amargura

de morir en la pobre anatomía
de un cuerpo que agostó, con la tersura
de su carne, la gloria que tenía.

(544)

26 DE FEBRERO

TE tiene sin tener tu diminuto
diseño de mortal encanijado,
y te ahoga, en tu capa de tapado
y atrapado malsín, tu tedio en bruto.

5   Por el bien de tu prójimo de luto,
vives en amarillo exasperado,
con tu ominosa incuria, muy pagado
de no pagar tu vida de insoluto.

En tu yantar impune, de frustrado
10   sin remisión, te comes el tributo
que debes al vivir que has allanado.

La eternidad te cabe en el minuto
de vida que detenta, mal hurtado,
tu zurda maña de robar sin fruto.

(545)

27 DE FEBRERO

ME puse al margen, o me di de lado,
en mi sombra perenne, que repite
la jugada al azar y sin envite
donde estoy, entre apuestas, apostado.

5   Con no perder mi juego de evitado,
de eludido, que es juego de escondite,
gano mi vida; y doy en un ardite
su barato al tahúr malbaratado

que me tiene en sus trampas atrapado.
10   ...Hasta la vida dejo que me quite
con su fraude de muerto levantado

sin que mi voluntad me resucite.
...Porque me di de lado, como lado,
una parada en sombra, sin envite.

(546)

28 DE FEBRERO

BLANCO, y sin blanca ya, bravuconea
el tahúr perdidoso, que se encona
aunque escupa y regüelde su bramona
de gallo desplumado en la pelea.

5   Que nos emplumen pide —cacarea—,
en tanto que la vida nos perdona
con acento matón y fanfarrona
piedad de caponcito que gallea.

No tiene más valor que el que le dieron
10   los dados —que, a la postre, le perdieron
quitándole lo poco que valía.

Y, fiera de cubil en cubilete,
quiebra su albor —su albur— de matasiete
con el gallo que emite su afonía.

(547)

29 DE FEBRERO

Si eres exacta verdad,
¿por qué el comercio procuras
de los hombres, y te curas
del hombre de falsedad?

J. J. D.

NO consientas que el eco te desdiga...
Con meridiana claridad has dicho
lo que te hiciste: un mundo sin capricho
que sólo al hombre de verdad obliga.

5   Lejos de todo lo que se mitiga,
frente al cauto decir del entredicho,
repites, reiterándote en redicho
insistir, lo que importa que se diga.

Te tienes por espejo, y el perplejo
10   que procura empañarte con su duda
medrosa de borrón emborronado,

no resiste, en el brillo de tu espejo,
las precisiones con que le desnuda
y le enseña tu vista de ensañado.

(548)

1 DE MARZO

PODRÁN verte en tu sombra suplantado
no en palabras o en hechos desdecido,
que te dijiste bien, bien decidido
a no estar en tus hechos retractado.

5   Puedes tener vivir equivocado,
no equívoca intención de interferido
por pasión conveniente –de partido–,
que estás *enteramente* quebrantado.

Podrán verte en tu sombra desdoblado
10   –en dos equivalencias repartido–,
pero no en cuerpo y alma doblegado.

Que aquí, donde te puso el maltraído
existir que conllevas, evitado,
estás, sin desmentirte, desistido.

(549)

2 DE MARZO

TE queda en redolor –en dolorido
remedo atenuado de tu ardiente
dolor de ayer– el sello, deprimente
y borroso, de todo lo sufrido.

5   Es en tu malestar, indefinido,
donde se te define tu presente
sin hoy, que sufre, intermitentemente,
con lo que no vendrá, lo que se ha ido.

Entre tus añoranzas evadido
10   y de tu vida maquinal ausente,
te encuentras, sin hallarte, bien perdido.

Te encuentras... escuchado, en tu indolente
oírte el corazón –tan repetido,
tan roto en tu existir– lejanamente.

(550)

2 DE MARZO

TE quieres escuchar desconocida,
como ajena, la voz con que repites
ahora, en la palabra que no emites,
la inhibición a muerte de tu vida.

5   Aun cuando des tu vida desistida
en tardas abstenciones, y te evites
en tu falso decir y malimites
una dicción de burlas, desdecida,

no logras darles escamoteada
10   tu presencia de ausente en la parodia
de la voz que simulas, recalcada.

Aunque te mientas en la palinodia
que finges, y en tu voz desafinada,
no puedes salmodiarte en tu salmodia.

(551)

3 DE MARZO

EN tu clara parodia de evitado
–en tu vida ejemplar de desistido–
vives, con el propósito omitido
en tus acciones, escamoteado.

5   Por no verte en tus huellas suplantado,
no das pie a la andadura que has tenido
y te reiteras en el abstenido
andar de tus ausencias, alejado.

No admites el papel, improvisado
10 en veleidades de sobrevenido,
que se impone a la vida del forzado.

Te esperas en tu apresto de hombre erguido,
no en la blanda cerviz del doblegado,
porque sólo te tiene lo que ha sido.

(552)

4 DE MARZO

No sé si me sentís, porque no os siento,
ni siento no sentiros, que la vida
que sufro no me da la descendida
pasión y muerte del resentimiento.

5   Os desconoce mi conocimiento
que sólo ve la luz esclarecida,
y no podéis tenerme en la medida
angosta que tenéis por pensamiento.

Vivís una existencia remordida
10 a dentelladas por el sentimiento
bajo de vuestra vida preterida.

Y no podéis llegar a lo que siento
con vuestra angustia enana –repelida
y resentida–, de remordimiento.

(553)

4 DE MARZO

¡Mi *consummatum est*! Estoy concluso.
Ya mi vida, imperfecta y acabada,
desciende con su clave, desclavada
de mi cruz, en el fin que se me impuso.

5   En este trance transitorio acuso
nítidamente mi existencia, usada
en servicio leal; y despejada
por limpia muerte del vivir confuso.

No me transe este tránsito, ni excuso
10   la angustia que me tiene aparejada
al dejarme en mis obras inconcluso.

No me opongo, Señor, a tu sagrada
potestad infalible que me puso
este sol de agonía descolgada.

(554)

4 DE MARZO

EN vivir sin vivir, que es tu problema,
gastas una energía que no gasta
con su vivir a medias, que le basta,
el vividor de ardid y estratagema.

5   ...Sí, la ceniza de tu sombra quema,
el peso en bruto de tu sombra aplasta,
y tu obsesión de no vivir engasta
en tu temible tema su anatema.

Pudo Onán –el en balde derramado–
10   con su semen sin fin, diseminado
en estéril placer, aniquilarse,

y Orígenes senil originarse
de su entereza para mutilarse...
Tú, roto en dos, no estás descabalado. .

(555)

6 DE MARZO

NO lleves el semblante decaído
–de luto– por tu cutis atezado:
ni es poco ser de polvo socarrado,
ni es mucho ser de barro mal cocido.

5   Hay quien tiene el pigmento desteñido
y el pensamiento sucio, de tiznado.
Y hay quien, siendo de cobre, ha recobrado
el oro que el anémico ha perdido.

Conduces en tus venas, sojuzgado,
10   al vencedor, al déspota temido,
por lo vuestro –ya suyo– conquistado.

Tus dos sangres: la vuestra, que ha vertido,
y la suya, ¡tan vuestra!, que os ha dado,
mueven tu corazón con su latido.

(556)

7 DE MARZO

Habló en secreto la dudosa Esfinge
y en su palabra se cifró la vida...

J. J. D.

No han de desentrañar, en tu entrañada
pasión de sombra, lo que significas,
porque, huésped de ausencias, te dedicas
a borrarte los pasos, de pasada.

5   Vives en tu existencia, postergada
adredemente, un mundo que no explicas,
y, en un tirón de sombras, erradicas
las yerbas de tu ruta improvisada.

No consientes vivirte en la forzada
10   confusión que te imponen. Simplificas
tu existir, de apariencia complicada,

guardándote, evitado, como indicas
con tu gesto inhibido, en la elevada
torre de negaciones que edificas.

(557)

8 DE MARZO

No soy el hombre que me veis, supuesto;
no voy por la vereda que transito,
no sé vivir en pauta, por escrito;
no estoy en la apariencia que me han puesto.

5   No me sumo a la vida con el resto
de mi vida abstenida; no repito
la ajena voz, no soy un gorgorito,
no me pongo en las cosas interpuesto.

No sé ceder, pero cedí mi puesto
10   en falso, primacía que no admito;
no os impongo mi angustia de depuesto.

No gasto palinodias de contrito,
no doy lo que no es dable, no me presto,
no oculto mi pasión... No os necesito.

(558)

9 DE MARZO

(Epitafio final)

«Tentaleó las sombras con su tacto
de Tiresias –vatídico en desuso
que, a fuerza de antever, es ciego– y puso
en escena una vida de entreacto.

5   »Su intelecto radiante, de hombre exacto,
no se avino a suplirse en lo confuso
y quedó, en claras sombras, inconcuso,
de toda humana tentación intacto.

»Sobre la vida subvertida, infracto,
10   acabó su existencia de inconcluso
sin volcar su propósito en el acto

»que se gasta –y malgasta– con el uso...
Y fue su intransigencia justo pacto
con la verdad que, desistiendo, impuso.»

TRES
ELEGÍAS JUBILARES

Publicado por la Editorial Centauro, México, 1946.

AL DOCTOR
IGNACIO GONZÁLEZ GUZMÁN

Los cretenses decían matria y no patria a su tierra natal. (Matria es voz más entrañable y regazo más acogedor y envolvente que el sustantivo patria.) Yo, como español exmatriado en México –que fue España–, sufro, ultranostálgicamente, la divina querencia de la metrópoli de nuestro idioma y la llamada –las voces apremiantes– de mi tierra nativa. Y sintiéndome apenas interludio, suspensión y pausa, noto más aún mi soledad de enorfanecido, de exmatriado.

Usted, que pisa tierra matriarcal y propia, esto es, terreno firme, acaba de sufrir empero la más atroz desgarradura humana. También a usted –como a los macilentos *rojos* españoles– la adversidad le ha proyectado fuera de la sombra materna. Y esta orfandad de la sangre le ha de hacer sentir todavía más profundamente la orfandad topográfica –el desentrañamiento– del español emigrado. *Exul umbra!* Con honda simpatía y compadecimiento estoy junto a usted, y le dedico estos poemas de dolor afín, en estas horas tan amargas.

México y febrero de 1946.

A MANERA DE PRÓLOGO

ESCRIBÍ la *Primera elegía jubilar* en un breve y fecundo lapso cronológico. Diez noches de obstinada vigilia, de afán consecutivo, me bastaron para dar término a la obra. Tan perseverante laboriosidad se prolongó desde el 18 al 27 de septiembre de 1940. Pero huelga decir que tamaña *improvisación* respondía –como ocurre, sin excepción posible, en todas las improvisaciones o redacciones a vuela pluma que son obra de poetas solventes– a un largo ciclo preliminar de opción y acopio. Los *repentes* de un lírico responsable no son jamás logros tropezados en el albur de la premura. La *facilidad* de la inspiración se limita a resolver diligentemente, con lucidez indiferible y súbita, las arduas ecuaciones onerosamente planteadas de antiguo en la consciencia o en la inconsciencia del poeta. No hay *improntu* valedero que no se desarraigue de una laboriosa gestación.

Declaro paladinamente que el estímulo circunstancial que acicató con sus flagrantes inepcias el orto de esta elegía no se halla a la altura ni a la profundidad de mis sentimientos. Sin embargo, la fatalidad, que es omnímoda, así lo quiso. Y tuve que erguir mi estatura contra el nanismo de unos falsos testimonios. Harto sé que los desahogos bufos y la retrospectiva saña de una voz sin acento no merecen, en verdad, tan esclarecedoras y esclarecidas amonestaciones. Pero es imposible que el tamaño del espíritu empequeñezca su dimensión generosa para corresponder a la angostura de un anímula tacaña. Pese, pues, a la lujosa desproporción de mis despilfarros de hombre pródigo, creo haber puesto el asunto al nivel del gran poeta a quien se quiso vejar por medio de las más inverosímiles e hilarantes especies del rencor patológico. Que la cicatería de los centimeros no me lo demande.

Al publicar íntegramente esta elegía –de la que ya ofrecí una extensa versión fragmentaria en el número de la revista *Romance* correspondiente al día 1º de octubre de 1940– prescindo de algunas alusiones que fueron erróneamente interpretadas por la gente y de tal o cual concepto apasionado que, aunque fruto de una pasión limpia, se presta al juego turbio de las malas pasiones. Asimismo borro, con un indeleble *deleatur,* algunas estrofas circunstanciales y poco felices contra el ominoso régimen franquista, que entremetí en el texto enviado a la publicación citada, y que hoy se me antojan aditamentos pegadizos y excusables.

Como excepción –ya que no suelo hacer uso de la abusiva costumbre de poner a prueba la paciente y abnegada lealtad de mis amigos abrumándolos con primicias confidenciales o inéditas–, algunas personas de mi amistad conocieron oportunamente, es decir, por aquel entonces, el texto íntegro de mi *Primera elegía jubilar.*

Unos meses después, del 5 al 11 de enero de 1941, escribí, ya con sombra radiante, la segunda elegía de este volumen. Lo que pudo caber –y no es cosa de espacio– entre la redacción de la elegía inicial y el logro de la que le sigue se me antoja *algo* de mesura sumamente ardua. Y de todas veras deseo que a nadie se le procure la capacidad de sufrimiento indispensable para esta índole de mediciones... sin medida. La angustia propia no tiene volumen, porque no es transferible. Lo que a nosotros nos desborda –a nosotros que, no obstante ser su manadero, no conseguimos ser su recipiente– es imposible que quepa en nuestro prójimo. En esta *Segunda elegía jubilar,* totalmente inédita, se dice, con medias palabras, la enteriza pasión del verbo, que reconoce la inanidad, en rigor alocua o incomunicable, de la facundia poética. Es un humilde reconocimiento de la ingratitud de la palabra.

Dos años y meses más tarde, el 5 de mayo de 1943, comencé a redactar mi *Tercera elegía.* La concluí, y estuve a pique de que me concluyera, el día 5 del mes de junio. Pero he de referirme también a *Pasión de sombra* que vio la luz en 1944. Pasión de sombra se dilató –y se concentró– en más anchura de tiempo. Las estampas oníricas que integran esa obra fueron entrevistas a lo largo de interminables noches de insomnio, y trasladadas ulteriormente con fría claridad y evidente dominio, ya en horas apacibles y fecundas, de existir recuperado y recobrada serenidad. Empecé a escribir –a dialogar– tan inverosímil y patético soliloquio el día 9 de diciembre de 1943, y acabé con su «acabamiento inacabable», a los tres meses, el 9 de marzo de 1944, cuando se me acabó la paciencia. Estos dos cánticos —*Tercera elegía jubilar* y *Pasión de sombra*— responden, pues, a un mismo alumbramiento sombrío, y constituyen el fondo patético, la adumbración absoluta, de mi caso o suceso de español *que no se encuentra* —o que, si se encuentra, *se encuentra perdido*— en la generosa tierra de promisión que le asila. Este fondo —en el que se desvive la conciencia, nunca acomodaticia ni cómoda, y siempre avizor, del español íntegro— evidencia ese fenómeno... vergonzante, o, por lo menos, rara vez explícito, de la disociación o desdoblamiento sentimental e intelectual que sufre en el exilio el español inerradicable, cuyas raíces o tensas ataduras permanecen en España, y que no sabe bienavenirse con la vida *interpósita* en que vino a entremeterle la fatalidad. Y no es hinchazón del alma —no es vanidad u orgullo, ni menos ingratitud o desdén— lo que le induce, lo que le *fuerza* a la inhibición, al desistimiento (para no sentirse *sobrellevado* por su prójimo o *bajotraído* por las circunstancias), sino un sentimiento noble, y radiante, y ostensible: la lealtad. El español legítimo —que agradece *siempre* el bien que se le hace, pero que no babea nunca, con mercenarias lisonjas, como el servil, la mano que se enaltece al otorgarle protección— no puede decirse *bienhallado* en el destierro, porque, ¿cómo ha de encontrarse bienhallado quien no se encuentra a sí propio, o se encuentra perdido? No. El desterrado español lúcido y veraz, sólo *conlleva,* pero lealmente, y entre dos sombras sin conciliación posible, su vida de ayer, que se le prolonga en rezagos de nostalgia, y ese su mundo ajeno, *entretenido* —o tenido a medias—, de hoy, en el que se alarga, ya sin vida propia, como simple remedo o reiteración de ademanes ya usados o vividos, su actual —e inactual— supervivencia. Y así, de ese modo, sentí yo —con sentir, preciso e inefable, de presentimiento— cómo y hasta qué punto el hombre enraizado o vivo, de vida veraz y única, no admite trasplante, y menos trasplante forzoso; y que sólo el plurivividor superficial, que no arraiga, (porque es planta talofita, sin raíces) puede medrar y cundir alabanciosamente en no importa qué suelo, y a ras de tierra, nutriéndose, con fruición inmediata, en el mantillo que abona la superficie, para él suculenta, del destierro.

Pero el español genuino —que siente la atadura de España y el tirón entrañable de sus raíces— no se engaña ni engaña a su prójimo con esas cómodas apariencias de feliz acomodación a que le inducen frívolamente la fácil transigencia utilitaria y la diligente

y provechosa adquisividad del acomodaticio. No. El español veraz
no se aviene al circunloquio –al rodeo cortés– de la conveniencia.
Porque el circunloquio *conveniente,* el hipérbaton, tortícolis gra-
matical y retorcimiento de la rectitud del hombre, es para él una
mala postura. Y, así, dice, sin ambages y derechamente, el motivo
de su mal estar. Está mal, de paso, y sin huella, en la cumplida
tierra de promisión que le *entretiene* –que le tiene a medias–,
porque es un español perdido, y perdido en la jugada ajena de unos
tahúres extraños a su sangre. Esta es su tragedia intransferible;
su tragedia de *individuo,* roto por la adversidad en dos medios
seres frustrados que vegetan: uno, oculto, preso y al abrigo de un
ayer imprescriptible, en los despojos de su patria enajenada; y
otro, precedido, que es sombra, remedo, parodia o doble de su
existir maquinal, y que se inhibe –esperando su sazón española–
en un destierro absoluto, de hombre desistido, porque se propone
no vivir –porque no se pliega a vivir interinamente– hasta que
pueda recobrar su vida íntegra de español en España. Esta
voluntad –que es la enérgica *noluntad* unamunesca– es la única
querencia voluntariosa, y aun *ultravoluntariosa,* que le asiste con
su exiguo poder y su evidente eficacia negativa. Y es, asimismo, el
tuétano de la pasión, aparentemente desmedulada, que brota en el
dolor sin planto de estas tres lamentaciones.

PRIMERA ELEGÍA JUBILAR

A Juan Ramón Jiménez.

(559)

Dolor que da en plañirse menoscaba
su enjundia, que es decoro soterrado.
Auténtico sufrir nunca se alaba.

J. J. D.

AQUÍ está la medida
de tu dolor, cabal: no la rebases.
Si tiene en ti cabida
no es justo que traspases
5   un sufrir que ha nacido entre sus frases.

Tu rincón, pacedero
perecedero, hostil, de la violencia
tórnalo abrevadero
de paz y continencia:
10   conócete a ti mismo, con paciencia.

¡Allá los fablistanes
con sus imprecaciones y alharacas!
A un tal latir de canes
batidos por estacas
15   mezclan sones de zumbas y matracas.

No. Nunca por ruidoso
fue más recio el dolor, ni más fecundo.
Sufrir alabancioso
y acento gemebundo
20   ¿han de mover o conmover el mundo?

139

Nos han arrebatado
honor, amor, hogar, tierras y bienes.
Mas, por desamparado,
así no te enajenes:
25   no pierdas la razón, ya que la tienes.

La lágrima, el plañido
y el rencor exacerban la amargura.
Llueven sobre llovido.
Y toda nebladura
30   viene a agostar la buena sembradura.

Admira este secreto:
otros sufren su lepra inexorable
y yo mi lazareto.
Yo soy el miserable;
35   ellos los príncipes de la Implacable.

Doliente, en mi retiro,
no me enoja la ingrata redolencia
de sus fastos. (Espiro
lo que aspiro: conciencia.)
40   Y siento el auge de su decadencia.

Ignoro las rencillas
tribales y los ritos anacrónicos.
¿Tótem y clan? Fablillas
rezagadas, histriónicos
45   pretextos, textos de eruditos crónicos.

Allí los que han gafado,
rapacidad garruda, historia y gloria.
Aquí los que han salvado
el lustre de su historia:
50   todos están en torno de la noria.

Jamás la poesía
congenió con lo hirsuto del berrido.
Me duele la porfía
de tu mal entendido
55   concepto de un vivir aborrecido.

Avente al usufructo
humilde de tu vasto patrimonio.

No vivas del producto
de tu dolor, quelonio
60 donde dormita Dios y habla el demonio.

La luz del pensamiento,
disipando la sombra que te acuita,
puede darte el momento
lúcido, la infinita
65 claridad, sobre el cuervo que crascita.

Mi fe no es abjurable.
Creo en la inteligencia, en lo distinto,
sensible y entrañable.
Me repugna el instinto
70 común, ebrio de envidia y vino tinto.

Tampoco me habitúo
al rezongo falaz de la quejumbre
que se desdobla en dúo.
Al margen de la lumbre,
75 hay quien llora y maldice por costumbre.

No sé de Jeremías
más que el oficio de las plañideras
y sus postrimerías.
Pero el llorar de veras
80 exige menos hipos y maneras.

Quede Job en su infecto
muladar: ya paciente o irascible,
él devora el insecto
que le come, insensible
85 a lo que no es su hedor irresistible.

No creo en las virtudes
lustrales de la lágrima: el trabajo
nos colma de aptitudes.
Y es un seguro atajo
90 para «llegar arriba desde abajo».

¿Llorar? El llanto empaña
los ojos e involucra las verdades:
deprime y desengaña.
¿Qué son sus tempestades?
95 Sollozos, hipos y mucosidades.

Llorar en el desierto
cuando la vida impone un sacrificio,
vale como estar muerto.
Vivir es el servicio
100   que se nos pide desde el precipicio.

¡Ay socavón de España!
¡Cómo para alcanzarte habrá que hundirse!
El llegar a tu entraña
presupone sumirse
105   en tierra: rescatarse y redimirse.

Olvidar el orgullo
—vastísimo, sin mácula ni ocaso—
de un orbe que fue tuyo.
Vivir con el escaso
110   pan que da la limosna, y al acaso.

Allí, donde te sueñas,
allí fue tu solar: el que han vendido.
Llanuras, cumbres, peñas.
Todo lo que has perdido
115   por ser lo que naciste: bien nacido.

¡Montes en flor, verduras
inmarcesibles, luz de maravilla!
Y tú, la que perduras
como sed de traílla:
120   ¡mi paramera exhausta y amarilla!

Ardiente paramera
que imponía su enjuta servidumbre:
el yugo de la era
—sudor, polvo y costumbre—,
125   ¡brasa en el suelo y en el cielo lumbre!

Y aquel impostergable
castellano, sagaz, cariparejo,
ardido y miserable;
señor de su entrecejo
130   y, por ser de Castilla, siempre viejo.

¿Y ahora? Sólo existe
sobre la podredumbre del terrazgo

vendido, España triste,
un atroz mayorazgo:
135   el del hambre que llora sin hartazgo.

Solo una calavera
sobre el yermo: residuo de la mente,
demente y altanera,
que supo, zarza ardiente,
140   descarnarse y morir enteramente.

¡Tanta sangre vertida!
¡Tanto dolor inútil! Anegados
en odios de por vida,
vencidos y burlados,
145   todos yacemos juntos y enterrados.

Pero lo que nos lleva
a mal traer —rencores y venganzas—
y en sangre nos abreva,
¿han de ser malandanzas
150   sin término, continuas asechanzas?

Yo no pido el olvido
—nepente de cobardes e insensatos—
ni el perdón. Sólo pido
justicia —limpios tratos,
155   clara ley—, sin clamores ni arrebatos.

Me estoy, sin consentirme,
sobre mi sentimiento taciturno.
Como no quiero henchirme
de anatemas de turno,
160   prescindo de la gola y del coturno.

Honda noche, cerrada
a todo albor; miseria doblemente
sentida y ultrajada:
vergonzante y consciente.
165   ¡Vida firme, a merced de la corriente!

Y, en tanto, quisicosas
de bufones: «La flauta ¿es poesía?
¿Huelen a amor las rosas?
¿Estamos todavía
170   en el reino trivial de la armonía?

»¿Pero es que yo no puedo
romperme la cabeza contra un muro?
¿Quién vive del remedo?
Todo está tan oscuro,
175 que me veis incoherente, de seguro.

»Flautistas: yo no toco
la flauta. Soy un nómada. Mi abismo
lo ruedo como un loco.
Y ved que aún uso el mismo
180 *leit-motiv* de por vida: el paroxismo.

»¿No estoy en mi derecho?
¿Dónde va el energúmeno? He gritado,
viril, mi do de pecho.
Porque yo, enajenado,
185 soy legión de chillidos al contado.

»¿Y qué? Los madrigales
en flor, a lo Gutierre de Cetina,
piropos en pañales,
¿suenan como la inquina
190 de los dioses, que zumba sin sordina?

»Si todo está en la sombra,
si vivo de la sombra, y a destajo
mi corazón la nombra,
¿por qué, con desparpajo,
195 decís que la convierto en un sombrajo?

»Cantar en la penumbra
es lo que cumple a todo escarnecido.
La voz se me acostumbra
al *ay* con que me ha hendido
200 el pecho la agonía del vencido.

»¿Qué dice el hierofante
jactancioso? ¿Que es suya la poesía?
¿Que él es su único amante?
Pues bien: yo la hice mía.
205 Yo la tengo guardada en mi alcancía.

»Y vosotros, amigos,
no la pordioseéis ni una mirada.

Que sois unos mendigos
os dice, enajenada
210   de amor, y entre mis brazos derramada.

»Vedle. El Gran Responsable
huye. Su propia sombra, que le aterra,
se esquiva. Que no hable.
Y que sepulte en tierra
215   sus palabras, origen de la guerra.»

El dolor, que extravía
e induce a los excesos y dislates,
está en su mediodía.
Tiempo es de que rescates
220   la razón que perdiste, y que la acates.

Que cada cual responda,
como cumple al leal, de sus acciones.
Pero que no se esconda
de sus inhibiciones,
225   que no han de perdonarle los perdones.

¿Por qué, tú, que, inflamado
en cólera, motejas al que impuso,
soberbio, su dictado,
promulgas un difuso
230   patrón de ética-estética en desuso?

¿No está la poesía
en el cuerno del sátiro barroco?
Tal vez. No haya porfía.
Pero no está tampoco
235   en la verba espasmódica del loco.

Y en cuanto al barroquismo
del amor, ¡qué bien riza su quimera
de intrépido cinismo!
¡Y cómo desaltera
240   una mujer desnuda en primavera!

Cuando la luz es risa
y la palabra elude el pronunciarse
y se susurra en brisa,
¿quién rehúye el holgarse
245   con la naturaleza, y entregarse?

¿Hay algo más divino
que unos senos de rosa que se erigen?
¿Quizás es desatino
gozarlos, si nos rigen,
250   dándonos nuestro fin y nuestro origen?

¿No es todo poesía
en la fusión hipnótica del beso?
Que sí, me persuadía
mi juventud —¿sin seso?—
255   cuando Dios lo quería... con exceso.

Desecha los rencores.
Y no te cele, como al resentido,
el que obtengan mayores
honras los que han caído
260   por debajo de ti y de tu sentido.

Piensa en la transitoria
y fugaz trayectoria de lo unánime.
¡Ocasos de la gloria!
Nunca olvide el ecuánime
265   cómo el sol en su fin es llama exánime.

Dices a los novatos
—a los que, tierno, llamas cervatillos—
que no sustenten tratos
más que con tus sencillos
270   conceptos, recelosos y amarillos.

¡Oh, no! Tales preceptos
son de una libertad... que coacciona.
Que agavillen postceptos
vitales, en persona.
275   Así la vida enseña y perfecciona.

Para que se emancipen
de los demás, ¿pretendes sojuzgarlos?
Mejor es que disipen
tus dones sin usarlos,
280   sin tener que traerlos y llevarlos.

Líbralos de tu estética
—que hace versículos de prosa en trizas—

y de tu voz profética...
Lo que tú perennizas
285   no es fuego ni rescoldo: son cenizas.

¿Por qué, si no te engañas,
ni puedes persuadirnos, aun insistes
en cóleras y sañas?
Todos estamos tristes,
290   aunque no nos vistamos como vistes.

Dices que todo es tuyo,
que todo fructifica en tus feraces
tierras. Pero el arrullo
ajeno no disfraces:
295   no son palomariegas las torcaces.

De tus cantos afirmas,
con una honestidad casi pasmosa,
y luego lo confirmas,
que son guijarros: cosa
300   que incluye redundancia y es graciosa.

No quiero discutirte
—incauto incautador de ansias y penas—
tu derecho a plañirte.
Mas las grimas ajenas
305   no acapares, sonando tus cadenas.

¡Oh, no! Parto de montes,
cuando la tierra brama, y se arraciman
los vastos horizontes,
¡jamás! Las que escatiman,
310   nunca serán entrañas que rediman.

Con lágrimas —salitre—,
hígado hipertrofiado, buen deseo
y tal pico de buitre,
¿quién hace el Prometeo
315   si no borbota lumbre en su jadeo?

¿Por qué, nómada ausente,
pie caminero, con tan aflictivo
bagaje, de repente
tu genio ambulativo
320   da en marchar sin conciencia y sin motivo?

(Whitman y Nietzsche: recios
ingredientes, con Job, que no reposa,
para ahogar menosprecios
y escribir, como glosa,
325   y en flamante versión, la Biblia en prosa.)

Elude ese marasmo
peripatético de la andadura
sin causa, y, nuevo Erasmo,
escribe con holgura
330   el «Elogio total de la locura».

Más que las musarañas,
has menester las musas de tus idas
y venidas extrañas:
fuera de sí, salidas,
335   queden, por el amor, recién paridas.

Escapa de la sombra
que te obsede y angustia; considera
sólo la que es alfombra
del árbol, placentera
340   caricia derramada en primavera.

(¡Cuánta pasión contiene
la yema o brote, lujurioso indicio
de una estación que viene
a vivir en servicio
345   del sol, claro y eterno beneficio!)

Vuelve al lar. Si te has ido
de ti como romero impenitente,
recoge tu sentido
exacto. Y ten presente
350   que no es posible errar eternamente.

Amores presurosos
los de ayer. Hoy se fruye el paladeo
cabal y los morosos
instantes de un deseo
355   que no se colma con el devaneo.

Promediada la vida
y el fervor meridiano ya en declive,
¡qué bien estremecida
la carne se apercibe
360   a gustar el sabor de lo que vive!

Ya no es el arrebato
ni la furia viril. Es la experiencia
que absorbe con recato.
Es la opción a conciencia
365   que, más que facultades, pide ciencia.

Ayer, cuando el vagido
era la voz suasoria del deseo,
todo estaba pedido
con la apostura. Hoy veo
370   que sólo existe lo que yo me creo.

Se aleja el don gracioso,
otorgado al candor de la primicia.
Pero es también hermoso
sentir que la pericia
375   y el afán nos consiguen la delicia.

Yo vivo mi otoñada
—estoico, a lo Epicuro—, sin desplantes.
No me quejo de nada.
De mi existir de antes
380   son hijos —consecuencias— mis instantes.

Todo lo que he perdido
¡qué bien perdido está!; yo me he ganado.
Ellos nos han vendido.
Y, en el lance, han pagado
385   con nuestro valor —¡justo!— y al contado.

Con cierta incertidumbre
—¡oh, incertidumbre cierta!—, nuestros pasos
marchan, aunque no alumbre
el sol, a los fracasos
390   fatales que empurpuran los ocasos.

¿Qué senda de esplendores
ha de esperar el triste que ha caído?

Declinan los hervores
de la sangre, y el nido,
395 remoto ya, es un sueño escarnecido.

Sí, la sombra, en textuales
remembranzas, acusa su existencia
senil: textos y anales
empolvados de ciencia,
400 patrimonio de muerte y de conciencia.

Pero también la vida
acucia y urge: el cielo desplomado,
que impuso su caída,
puede ser elevado
405 y, sobre sus atlantes, reinstalado.

No creo en la miseria
irredimible, ni en los huracanes
sin término. La histeria
tiene su fin. Los canes
410 mueren a manos de los rabadanes.

Y el mayoral, sombrío,
que esquilmó el hato por sentirse fuerte,
se ahoga en el vacío
que creó, foco inerte,
415 con sus furias neumáticas la muerte.

Todo *será*. Si un día
dejó de ser la ineludible norma,
rescate de alegría,
se ha de atrapar la forma
420 feliz, en donde todo se conforma.

Ha de volver lo estricto
—lo esencial, que es lo exacto. La falacia
chocó con el invicto
poder de una reacia
425 virtud, que es lucidez y aristocracia.

Un día el pensamiento
dirá su orden. Y, en lo confundido,
distinguirá el cimiento
firme, lo entremetido,
430 lo exótico comprado, y lo vendido.

Todo será «de nuevo»
—remozado y cabal–, tradición clara.
Ni el pasado longevo
ni la irrupción ignara
435   de un fortuito poder que se enmascara.

Ni empachos de bucólica
rusticidad –la égloga, caduca,
va con el arma eólica–,
ni tiros en la nuca.
440   Ni autodidacto chirle que no educa.

Ni lo ancestral, que ronca
con un sopor de siglos, ni el remedo
de una estulticia bronca
donde, unánime, el dedo
445   perfidia impone y amenaza miedo.

Ni voces de patriarcas
—porque esas voces han encanecido—
ni truenos de jerarcas.
Todo ha de estar medido
450   con la capacidad, que es buen sentido.

No ocultará el estruendo
turbio la clara voz de los veraces.
Ni cundirá, tremendo
apetito, en voraces
455   dentelladas, la grey de los rapaces.

No irrumpirá, sañudo,
el verbo de Caín en la fratría;
ni ayuntará el engrudo
pegadizo, a porfía,
460   lo adverso y frente a frente en agonía.

Sabrán los ganapanes
que el pan se gana. Y los olvidadizos
tahúres y rufianes,
que no hay allegadizos
465   laureles de oro para advenedizos.

Cara al sol, la camisa
castellana, y por yugo, la faena.

La hoz, ya no divisa,
segando, afán sin pena,
470   y el martillo en la forja que encadena.

Todo está en pie: la vida,
aunque desfalleció, recuperada,
impone su encendida
ley, la desacatada
475   norma de ser acción ilimitada.

(Claras generaciones
de seres libres, ánimos cautivos
del odio y las pasiones,
ineptos redivivos:
480   todos tenéis para vivir motivos.

Motivos, no derecho.
Pero la vida dice: es necesario
que no medre el desecho
vital, el mercenario
485   a ultranza, de existir parasitario.

Las opimas cosechas
no puede agavillarlas el intruso,
porque no nacen hechas.
Consíguenlas el uso
490   perseverante y el sudor profuso.)

Es justo regalarse
con la naturaleza, que prodiga
sus dones sin hartarse
de ser, perenne amiga,
495   agua piadosa que la sed mitiga.

Yo siento lo nativo
reverdecer feliz en esta flora
que me tiene cautivo.
Y, como nueva aurora,
500   que me amengua el pesar, el sol de otrora.

El sol inmarcesible
que ni en su grave ocaso periclita.
¡Nueva España sensible
a la angustia infinita
505   de un pueblo que voló... con dinamita!

Pero ese clan –de historia
inolvidable–, trunco, ya deshecho,
no pierde su memoria.
Sobre el hogar sin techo,
510   son brasas la amargura y el despecho.

El orbe, en equilibrio
falaz, miró impertérrito sus penas
atroces, y el ludibrio
fingió lástima apenas
515   al ver que lo aherrojaban con cadenas.

Y hoy que la sangre inunda
a los burlados y a los burladores,
¿qué dicen la fecunda
verdad y sus fragores
520   tan desoídos y aleccionadores?

¡Fin de razas disperso,
núcleo desentrañado, que repele
lo contiguo en lo adverso
y a quien contrista y duele
525   que alguien le compadezca o le consuele!

¿Dónde ir? El camino
juega al azar. El hado –con sus hadas–
esquiva al peregrino.
Las horas van contadas.
530   ¿Quién las puede perder si están ganadas?

El fin –que es nuestro origen–
nos espera, fatal. Y en el retorno
que se impone no rigen
las artes del soborno
535   ni la impudicia de marcial contorno.

Yo, como tú, me obligo
a no desperdiciarme en lo liviano.
a ser juez y testigo,
si no infalible, humano,
540   de mente limpia y de resuelta mano.

Altivo y escotero,
jamás senda trillada me acomoda.

Soy, para ser sincero,
siempre distinto, en toda
545 ocasión, a los modos y a la moda.

Montar en yegua amable
sin que se nos desboque el pensamiento,
es cabalgar laudable;
que «hipogrifo violento»
550 sólo corre parejas con el viento.

Y si nos desarzona
con díscola esbeltez el recio bruto,
un hombre que razona
sólo paga el tributo
555 de la tierra una vez, por lo absoluto.

No sé de camarillas
y me aburre el cantar de los cuclillos.
Huyo las zancadillas
burdas de los pasillos,
560 comerrelieves y cenaculillos.

(No has de ahogarnos en bilis
por mucho que tus hieles nos escupas.
Conozco tus busilis
y sé cómo te ocupas...
565 No tolero los grupos ni las grupas.)

¿Y bien? Solo la vida.
Toda la vida, que es lo inabarcable.
La gracia estremecida,
acaso lo inefable
570 —lo infinito—, sin sombra miserable.

¿Y bien? El ancho mundo,
lo que es riesgo magnífico, aventura
caudalosa, profundo
inquirir, hermosura
575 entrevista, y afán, esto es, ventura.

Allá los centimeros
que escatiman sus ansias dispendiosas.
El azar, los luceros,
lo imprevisto, las rosas
580 y las mujeres... son todas las cosas.

Vivir. Hondo torrente
en el alma. Y el cuerpo, enardecido.
Pensar. Sobre la frente,
ya libre del olvido,
585   lo esencial, lo cabal de lo vivido.

¿Después? ¡Ah, sí! La huesa.
Toda una eternidad. Todo un enigma.
Y, en el vivir que cesa,
si no fue un paradigma
590   vital, feroz escarnio y cruel estigma.

Y lo macabro: el lírico
añorar la virtud del que se evade.
El torpe panegírico
falaz, que nos persuade
595   de que ha muerto –y bien muerto– el buen
        cofrade.

Memorias ilusorias,
eruditos sañudos, y porfía
de involucrar historias
–bandera y bandería–,
600   con lo que «pudo ser»... «acaso», «un día».

Ni el mundo se rezaga
por mirar su pasado, ni se inmuta.
Hoy no se va a la zaga.
Improvisa su ruta
605   y sólo el porvenir es lo que escruta.

Feliz el que erradique
de su mente feraz las utopías.
Que nadie nos explique
por sus melancolías
610   las ajenas congojas y agonías.

«Oscurecer lo claro
borrar es, no escribir» –dijo Quevedo.
Como no soy avaro
de la verdad, os cedo
615   esta absoluta, que no vale un bledo.

Con mis limitaciones
confino. Es lo fatal. Sin engañarme,

sé que mis intenciones
sólo pueden llevarme
620   hasta el límite, y no extralimitarme.

Pobre y perecedero
conozco lo postrero que me aguarda.
Y, por lo que no espero,
para mi afán ya tarda
625   un desenlace que es mi salvaguarda.

(Aunque quisiera erguirme
sobre mi orgullo olímpico –a mil codos–,
tendría que morirme,
como tú, como todos,
630   y quizá –¡y sin quizá!– de malos modos.)

Hoy tengo la conciencia
irreprochable, y asendereado
el cuerpo; incongruencia
de verme trasnochado
635   en pleno día, y joven ya cansado.

Siento mi señoría
inajenable, el mando de mí mismo.
Sólo en mí se confía
mi conciencia, altruismo
640   que se diputa orgullo y egoísmo.

Las hienas y chacales
no me intimidan, pero sí aborrezco
sus carroñas fatales.
Con su hedor me estremezco.
645   Yo vivo en la intemperie, que os ofrezco.

No sé de transacciones
como los prosperados cohechados.
Me atengo a mis acciones
y convicciones: hados
650   que no pueden venderme los comprados.

Quizá el que prevarica
tiene fuerza mayor y mejor lastre.
Mas mi conciencia, rica,
no deja que me arrastre
655   el turbión codicioso del desastre.

Bien pude –y no me plugo–
agavillar las mieses provechosas.
Con el deber por yugo,
medí acciones y cosas.
660   Sólo tengo nostalgias fervorosas.

Viví entre los horrores
sin que mi clara vida se enturbiase.
Ni trafiqué en rencores
ni obedecí el *ukase*
665   irracional, consigna de una clase.

Cual hedor nauseabundo,
la hibridez me repugna. No sustento
contactos con lo inmundo.
Soy mi propio alimento.
670   Y con estar conmigo, estoy contento.

Mi pulso se acelera
ante la iniquidad o la injusticia.
Pero nada me altera.
Comprendo la malicia,
675   la equidad, el rencor y la avaricia.

Sí, todo lo comprendo,
con censura o aplauso. Y no me irrito,
porque, al vivir, entiendo
que ni soy el precito
680   infernal ni el seráfico bendito.

Nada habrá de forzarme
a caer en forzada apostasía.
¿Cómo pueden comprarme
el alma, si no es mía?
685   Dios –la verdad– no incurre en simonía.

Lo cabal es sentirse
sin consentirse, lejos del presente.
Nada habrá de medirse
con el patrón vigente:
690   todo está desmedido eternamente.

(A Dios me sacrifico,
cristiano, y a los dioses, en sus aras

de ritual, les explico
las ceremonias, caras
695 a mis demonios, como cosas raras.)

Mi desdén castellano
hacia el camaleón de la impostura
es viejo: no me allano.
Señor de la llanura
700 insaciable, la sed me acalentura.

Jamás creí en el mito
de las cañas, ya lanzas, que alancean.
Mas sé que, en su infinito
despecho, merodean
705 fútiles cañas que acañaverean.

Y sé, aunque me disperse
en mi pluralidad imaginada,
cómo ha dado en perderse,
holgando la jornada,
710 una grey a su antojo abandonada.

Y veo, aunque no quiera
mirar, cómo, en un éxodo infinito,
sigue la paramera
a espaldas del proscrito
715 que lleva en sí lo estéril y maldito.

(Son los de ayer. Simiente
inextinguible que encizaña, agosta
y aniquila. Insolente
plaga, voraz langosta
720 que medra a su placer y a nuestra costa.

De las alcantarillas
salen. Se reproducen en manadas,
observan a hurtadillas,
y asoman sus ahumadas
725 narices de candil, encandiladas.

Rapaces y serviles,
son –fauna de ocasión–, seres infectos,
turbios correveidiles,
mercaderes abyectos:
730 las causas de la guerra y sus efectos.

Por detentarlo todo,
en su labor de zapa van minando
nuestra vida a su modo.
Dicen que socavando
735   un mundo de justicia están alzando.

Para ellos es tangible
la fe: solo por tacto o palpamiento
la verdad es sensible.
Quieren, como cimiento,
740   mejor que la valía, el valimiento.)

¿Morir? ¿Vivir? Palabras
dubitativas. Huelen a podrido,
como antaño; macabras
flaquezas sin sentido
745   en que los hombres se han envilecido.

Cual mujer que halconea
ganosa de varón que le dé hartura,
prostituye y afea
su afán, que es calentura,
750   el mundo en tullimiento o baldadura.

Pasiones —convulsiones—
de paralítico nos escarnecen.
Son verdugos y hampones
esos que se enternecen
755   en las noches cerradas... que amanecen.

En mi sitio, sitiado
—cerco tenaz—, me estuve sin jactancia.
Los que me han desplazado,
sin expugnar la estancia
760   de mi deber, borbotan su arrogancia.

Estoy con los vencidos
—«Vencer no es convencer» —dijo un poeta—,
y no con los vendidos.
Mi vida recoleta
765   no oculta doble fondo ni gaveta.

Alumbro y no deslumbro,
porque mi lucidez es tan escasa

que con ella acostumbro
iluminar mi casa,
770   como me cumple, con medida y tasa.

Si no «marcho adelante»,
es porque considero que mi sino,
sin miedo a que me espante,
no me otorga ese asnino
775   rango, en mi trajinar de peregrino.

Y si no me sitúo
frente a mis corifeos, en el coro,
es porque me atenúo
y conservo, cual oro
780   de ley, mi ley, e intacto mi decoro.

¿Amor? Para sentirme
exactamente, vivo la impaciencia
o sensación de irme,
de volver, a conciencia,
785   sin malquerer a nadie, a mi querencia.

Allí, en el indeleble
lendel, está mi vida, mareada
de buscarse; mi endeble
vehemencia, atormentada
790   de girar siempre en todo y para nada.

Frente a la ajena hartura,
soltándose la cincha del ahíto,
yo sentí calentura,
de amor, sed de infinito
795   y la amargura de lo que «está escrito».

En lo perecedero
jamás ejercité mi mano experta.
Ni, como el aceguero,
recogí leña muerta,
800   ni con sus trancas atranqué mi puerta.

En mi hogar fragoroso
crepitó lo decrépito a porfía;
no quise árbol añoso

que ensombreciera el día
805 de mi huerto, ya abierto a la alegría.

Rescoldo de pasiones,
tu corazón, antaño llamarada,
ceniza es donde pones
la angustia sofocada
810 de su sombra sin tierra y aterrada.

Son escasos los días,
mezquinos los segundos, de durable
inanidad. Porfías
de terco irremediable
815 mudan lo movedizo en inmutable.

Ya se borró tu gesto
imperioso; indeleble, tu mirada
ve enlaciarse el apresto
viril de una esforzada
820 voluntad, hoy remisa y arrugada.

Cuando —flecha en el hito—
hinque tu corazón trémulamente
su sangre en lo infinito,
sabrás, árido urgente,
825 lo que es vivir sin pausa, eternamente.

Si esquivas, postergado,
la incómoda postura que te han puesto;
si te ves, malhallado,
malhadado, sin puesto,
830 ¿por qué nos sumas tu dolor de resto?

Allí, en la lejanía,
fue España; mas su entraña, que es tu gloria,
no está donde solía.
En rescoldos y escoria
835 no busques el pasado de tu historia.

Fútil perseverancia,
tu insistir contumaz no te procura
la fe de la constancia.
Se borra con premura
840 lo que escribe —a distancia— tu escritura.

...Un pasado de hogueras
y hopalandas y túmulos: despojo
negro de gusaneras
al rojo... Y el arrojo
845   español, teologal, de negro y rojo...

Allí los inquiridos
y los inquisidores, bajo el yugo
del odio, estremecidos...
Y, royendo un mendrugo
850   —roncha de verdugones—, el verdugo.

Allí la amordazada
voz convulsa del hombre en el tormento;
y la descoyuntada
muerte en vida, de acento
855   sañudo, que repite su memento.

Allá, negro sarrillo,
recantación agónica, el perjurio
póstumo, ya amarillo.
Y las preces —murmurio
860   de réprobos sin Dios a un dios espurio.

Allí, bien empotrados,
los mudos son locuaces mestureros,
y hablan los deslenguados.
Y, sin ojos, severos,
865   miran los desojados por dos ceros.

Allí, donde fue España,
esa España feliz, que magnifica
tu memoria, la saña
de la muerte predica
870   un futuro de sangre... que edifica.

Estoy en mí y conmigo.
¿Porvenir? Vida exacta. En lo futuro

a ser cabal me obligo.
Pienso. No me aventuro.
875 Con toda precisión, estoy seguro.

Hay que aguardar la hora
propicia: la sazón. Ni los agraces
precoces de una aurora
sin madurar –procaces–,
880 ni los frutos serondos y mendaces.

La plenitud no dista
de ningún punto; anula la distancia.
Pero todo equidista
del perplejo que enrancia
885 con dilaciones su perseverancia.

Sé lo que me propongo
decir y hacer; domino mis deseos.
Y jamás interpongo
ante mí los rodeos,
890 las suspicacias y los titubeos.

El escarmiento avisa
y el vivir alecciona y amonesta.
¿A dónde va la prisa,
si todo lo que resta
895 del existir es ya la única fiesta?

Que cada cual pondere
sus ambiciones y sus energías.
Y nadie, en fin, espere
que se alarguen sus días
900 y que se acorten sus postrimerías.

¿De qué valen acucias,
urgencias, raptos, perentoriedades,
exigencias y argucias?
No cambian las verdades,
905 ni el límite cabal de las edades.

Mira: los aprendices
de filósofo –apenas turbias glosas–,
fatuos como perdices
en celo, a las preciosas
910 ridículas enséñanles sus cosas.

Y, alambicadamente,
en jerigonza hostil al castellano,
hablan del «ego» ingente,
del barroquismo humano
915   y de lo incognoscible soberano.

Mira: los poetisos,
notorios, endulzando su amargura
con helénicos frisos,
razonan su postura
920   de espaldas a la luz, contra natura.

Estetas amarillos,
jamás hartos de dádivas, y en celos
sordos, son nefandillos
que, al caer de sus cielos
925   sin gloria, ruedan por los parnasuelos.

Observa: los mendaces
insisten en cantarnos la excelencia
veraz de sus disfraces.
La intempestiva urgencia
930   del importuno exige pertinencia.

Mira: los mercaderes,
atentos a su lucro y al alijo,
empeñan sus mujeres
y nos venden al Hijo
935   de Dios, besuqueando un crucifijo.

El rapaz glorifica
sus prodigalidades. El avaro
la licitud explica
del medro. Y el ignaro
940   nos hace saber todo su descaro.

Vagos, como libélulas
tornadizas, algunos feligreses
de católicas células
marchan, haciendo eses,
945   hacia sus hecatombes y reveses.

Abortos de lechuza
y grajo, homúnculos de sacristía,

robaron con su alcuza
el aceite que ardía
950   en el templo español de la agonía.

¿Y bien? Yo nada tengo
de afín con ese clan que merodea.
A solas me sostengo.
Y mantengo mi idea
955   de ser a toda costa lo que sea.

Diré –guste o no guste–
la verdad, que es mi ley, donde me cuadre.
No importa que se asuste
el cauto, ni que ladre
960   el can. Soy compañero y no compadre.

Me quiero discutido
e inaccesible a toda connivencia.
Ha mucho he convenido
en que la transigencia
965   nos vende poco a poco la conciencia.

No hostil, mas sí escotero;
no insolidario, pero solitario,
en España me espero.
No sé del mercenario
970   desfallecer: mi exilio es voluntario.

Ni aquí, donde me siento
de precario, a merced de la fortuita
dádiva, me consiento
olvidar la infinita
975   nobleza de mi sangre, que os irrita.

Traigo como mensaje
mi oficio, que es ser hombre, y resistirme
a todo vasallaje:
decir la verdad firme,
980   siempre en mi oficio de saber morirme.

Donde vamos –vivimos
por y para volver– nadie se engaña.
Seremos lo que fuimos.
Volveremos, entraña
985   partida, a ser España –y solo España.

SEGUNDA ELEGÍA JUBILAR

A la memoria de Manuel Azaña.

(560)

Amaneciste en el alba
yerma de las voces áridas...

J. J. D.

VENIMOS de las tinieblas
de la noche, por el odio
rescoldado
a fuego lento, en la lenta
5   alfombra de la ceniza,
negras ascuas.

Por un camino que sólo
los muertos sin nombre, omisos,
transitaron;
10   como espectros, en jirones
de sombra aciaga, venimos
de la muerte.

Por la soledad conjunta
del éxodo, en hacinada
15   convivencia
de recíprocos rencores,
tropel de solos, venimos
del horror.

El alma en vilo, suspensa,
20   con levitación sin vuelo,
desde un aire
atado, inmóvil –que nunca

169

fue viento–, sufre nostalgias
de huracán...

25   Y son pasos, son remedos
de pasos, escurriduras
de viandante
imposible, que se pasma
y absorta en leguas y leguas
30   de quietud.

Es un aire sordo, espeso
y confinado, sin aire
libre, en sombra:
una atmósfera ya ahíta
35   de emanaciones y tufos
miserables.

Es la noche de la noche;
fondo de los bajos fondos
de la vida,
40   donde ya todo es suburbio,
conglomerado de cuerpos,
roce y sobo.

Es un estar estancado
entre sordas apetencias,
45   un rencor
promiscuo, de carne viva
mal cubierta con andrajos
de esperanza.

Agria soledad conjunta;
50   convivencia acre, agonía
de tropel
–atropellado en las mallas
de su redil trashumante–
rebañego.

55   Son los díscolos, manada
rebelde de desmanados
en gavilla;
despojos, dóciles sombras
de voluntad, atadijo
60   de miserias.

En húmedos y fibrosos
ayes, gruñen las raíces
retorcidas
y a medio arrancar: es planto
65   de mandrágora la queja
que se escucha.

Los que erradican el bosque
milenario, desentrañan
muerte viva;
70   los hondones, removidos,
sacan a la luz su raigambre
de ojos ciegos.

Amor soterrado, sombras
enraizadas, ¡cómo cruje
75   lo entrañable,
que se aferra a lo más hondo
de su tierra en sombra: cómo
se retuerce!

¿No escucháis ese tirante
80   dolor de la estirajada
fibra tensa
que se distiende y se rompe
apegándose a la roca
de su entraña?

85   Ayes mutilados, trizas
de quejido; el muñón pierde
savia heroica
bramando duras quejumbres
entre sus despojos, ¡cachos
90   de entereza!

Raíces desenterradas
que arrancó el odio, trasplante
sin arraigo:
¿cómo han de prender en tierra

95   de aluvión, anegadiza,
        blando limo?

        Roca sañuda es su origen,
        piedra su raigón profundo;
        son esquirlas
100   de pedernal, son hirientes
        lascas, los mondos soportes
        de su osambre.

        Tuétano de lumbre, el rayo
        fundió en espirales tercas
105   la blandura
        de su arcilla: ¡son raíces
        de fuego sólido, lumbre
        soterraña!

        Y no se plañen: blasfeman
110   en mutis de desdén, sobrios,
        los dilectos
        taciturnos: su afonía
        colma de elocuentes pasmos
        el camino.

115   ¡Qué silencios! En la noche
        oscura del alma encienden
        fogariles
        locuaces los acegueros
        que hurtaron en la escamonda
120   su hojarasca.

        Hojarasca y leña muerta
        que, en su arder de humo ruidoso,
        nos percuden
        la soledad con baladros
125   y pavesas crepitantes,
        mal ardidas.

        ¡Qué soledad! Mientras laten
        los perros, el corazón
        se acompasa
130   con un latir sofocado,
        sin aventarse en el ritmo
        de su pulso.

Noche. La palabra en sombra
dice: noche. El pensamiento
135   no alborea.
Noche. Rescoldos de noche
guardan lumbre entre ceniza
de verdades.

No. El viento, al barrer el polvo,
140   no se llevó el alma. El alma
no es vilano
llevadero. Te maltraen
la apariencia, pero el alma
sigue inmoble.

145   Inmoble, con ataduras
de piedra, se está su ahínco
bien hincado
en la roca de su origen.
Nadie la mueva, que es sueño
150   perdurable.

Dejad a la inmarcesible
flor un florecer eterno.
Lo ajadizo
se defolia entre las zarzas
155   espinosas que defienden
su hermosura.

Dejadla dormir; que sueñe,
nimbo de gloria, en un orbe
sin ocaso...
160   No la despertéis a sombras
de destierro en una tierra
que fue suya.

Dejadla dormir; que torne
sin pesadumbre al origen
165   de su arraigo.
Dejadla dormir, penosas
vigilias; dejad que duerma
su destierro.

Pasará la noche, sombras
170 macilentas del cansancio...
(Pasará la noche.)

Pasará la noche, sueños
de insomnio, crudas vigilias...
(Pasará la noche.)

175 Como un bostezo de negra
dentadura helgada, en sombras,
pasará la noche.

(Volverán a ver tus ojos;
volverán a ver la vida,
180 volverán a ver...)

Tan empapada de verde
lluvia y luz, la primavera...
(Pasará la noche.)

Aquel amarillo, al rojo
185 seco, de la parra virgen...
(Pasará la noche.)

Las montañas de radiante
azul, las nieves perpetuas...
(Pasará la noche.)

190 Olas estrellando polvo
de luz contra los cantiles...
(Pasará la noche.)

Los días blandos, de nieve;
las duras noches de escarcha...

195 (Volverán a ver tus ojos,
volverán a ver la vida,
volverán a ver.)

Aquel ir de la llanura
sin límites, que no llega...
200 (Pasará la noche.)

La línea de los collados
y las mujeres de España...
(Pasará la noche.)

El seno henchido, rotundo,
205   y un gálibo la cadera...
(Pasará la noche.)

La carne mollar, turgente
y encendida, pero intacta...
(Pasará la noche.)

210   Aquel brío... Y la apetencia
inaplazable, y la vida...
(Pasará la noche.)

En glosa feliz, que es vuelta
o retornelo, los ojos
215   volverán a ver...

Hechos a acechos de sombra,
volverán a ver la vida,
volverán a ver...

De nuevo sobre la cumbre,
220   volverán a ver...

Con su galope de antaño,
correrán a ver...

Anulando las distancias,
volverán a ver.

225   Conocedores profundos,
volverán a ver.

Con el acto diferido
—fallido— de la indolencia,
pasará la noche.

230   Como el desgano y la lenta
remisión, como la acidia,
pasará la noche.

Con el estupor perplejo
y el pesar ensimismado,
235   pasará la noche.

¡Qué alacremente las ágiles
alas tenderán el vuelo!...

Volverán a ver los ojos.
(Pasará la noche.)
240   Volverán a ver la vida.
Volverán a ver.

También el verbo en ocaso
tiene oxidada agonía...
Con su herrumbre
245   has de pulir, como espejos,
lejos del sol, las aristas
de tus armas.

Has de amolar en la roca
nativa los filos romos
250   o embotados...
Has de recobrar la hiriente
prerrogativa infalible
de sajar...

Ante el ara, tu perpetuo
255   sacrificio, en ceremonia
que te lustra
cruentamente, va afilando
los despojos de una vida
meridiana.

260   Así, abolida su lumbre,
e hinojándose en el llano,
sin celajes,
se acaba el sol..., que no acaba
jamás, perenne agonía
265   de la gloria...

Tienes en tu noche oscura
—que prolongan los validos
tenebrosos
de las sombras— un amago

270   de amanecer, aun más negro
       que tu noche.

       (Ríos de sangre, avenidas
       de luto, irrumpen, clamando,
       por el orto...
275   Y la llanura se anega
       bajo un nuevo alud de muerte
       represada.)

       No se apagan en tu sombra
       los rescoldos atizados
280   de rencor.
       No se apagan: fuego sordo,
       lumbre oculta, entre ceniza,
       no se apagan.

       ¡Cuántas soledades juntas,
285   Señor, cuántas soledades
       enconadas
       y en tumulto, sin más nexo
       que el odio, afilan sus hoces
       bajo el sol!...

290   (Bajo la inmisericorde
       e implacable luz, que ofusca
       con sus brasas;
       en el día de la ira
       fraterna, en el impiedoso
295   retornar...)

       La voz, que se desencarna
       con escarnio en sus pavesas
       mal ardidas,
       va aventándose: rescoldo
300   fatal, de ceniza sorda
       ¿quién la escucha?

       Deslizada por el muro
       de su evasión, tu silueta
       sin arraigo
305   elude, al pasar, la sombra,
       descaminada, errabunda,
       del camino...

No es ir, es mover despojos
de fe, arrastrar pesadumbres
310   en liviano
trajín; repeler falaces
adhesiones, esta sombra
de andadura.

Es prolongar la deleble
315   fugacidad de unos nimios
simulacros
de existencia; desandarse,
sin retorno, sobre un lento
tembladal.

320   Son pasos que sorbe el limo,
huellas para las ventosas
de la ciénaga
tentacular; superficies
ahogadas en bajos fondos
325   de perfidia.

Pasos que no repercuten
en la roca de tu entraña...
Donde pisas
crecen sordos mucilagos
330   de lentitud y bejucos
de manigua.

(Mucilagos que atenúan
la estridencia de tu verbo
sin ambages
335   y bejucos enredosos
que retuercen lo inflexible
de tu voz...)

En pisar árido, siembran
dolor fecundo tus plantas
340   evadidas
del feraz terrazgo —opimos
frutos de luz cosechados
por la sombra.

Como ofuscan tus radiantes
345   evidencias meridianas,

como hieren
con su lumbre, –los que miran,
deslumbrados, ofendidos,
no te ven.

350 Atente a tu sombra, sombra
ya, ceniza del pasado;
no te saques
a luz: guarda tu rescoldo.
No disipes en dispersos
355 tu cosecha.

Coros de sombra repiten
–hipo y eco– sus relieves
de palabra,
contrahaciendo con modales
360 echadizos un amago
de ademán.

Dóciles, en la blandicie
que se amolda a lo adecuado
como un guante
365 servil, *están*. Estadizas
oquedades, permanecen
en su sitio.

Están, no son. Pero ocupan
un espacio: lo rellenan
370 vanamente
con aprestos de presencia
oronda. Están en el sitio
de los hombres.

Manos –arañas blancuzcas–
375 de tacto velloso, accionan,
en remedos
de aprehensión, sus palpos: palpan
voraces, sordas codicias,
lo tangible.

380 No se suspenden en pasmos
de opción: tocan, con moroso
palpamiento,
lo que tocan: manosean

en los tientos de su sobo
385   lo manido.

(Señor, yo tenía un alma
de luz, a flor de piel, tuya;
lo que ungían
mis manos siempre fue digno
390   de su roce: me tentabas
con mi tacto.)

Soledad de soledades,
sombra en soledad: no quiero
que se acerquen
395   a la mía, tan sonora
e intacta, tactos sin tiento
que percuden.

Rota la entraña, me busco
en mis despojos; dejadme,
400   ya dejado
de Dios, soledad en trizas.
No estoy donde está y se inhibe
mi contorno.

Y tú, que fuiste yo mismo,
405   vida de dentro, abnegada
persistencia,
déjame también; arráncate
de mí; ¡deja ya una vida
que no tienes!

410   Margen fiel, lado obsesivo,
vete; que lo que prolongas
no es un mutuo
sentimiento: no comparto
ni compartes esta sombra
415   mal partida.

(Con tu soledad, anejo
de mi soledad, me vienes
procurando,
sin acompañarme, rabias,
420   rémoras, remordimientos
y rencores.)

Solo yo, tú sola, solos
juntos, como subyugados
sin coyunda
425 leal, siempre solos, siempre
juntos, siempre dos, en sombras
escoteras.

Dejadme; yo me abandono
—me ausento de mí—, desisto
430 de mi vida,
perseverando en mi terca
pasión de no ser. Dejadme
con mi sombra.

Dejadme, que no me dejo
435 —no— a merced de la corriente
llevadera
que os arrastra... Tengo sólo
soledades en el alma
que me tiene.

440 (—¿Por qué enciendes los filos
de tu cuchillo?

—Quiero alcanzarme,
tajo de luz, el alma
negra y radiante.

445 —¿Por qué deshojas
en pétalos de sombra
tus blancas rosas?

—Mi noche oscura...
La negra luz del alma,
450 que nos alumbra...)

El hambre que te enflaquece
es hambre corta, pequeña,
de pan. Hambre

nimia; tu avidez, menuda,
455   tiene apetitos posibles,
que se sacian.

...Pero ese azul, que no acopian
los ojos, pero ese llano
de ocre eterno,
460   pero ese mar insondable,
pero la atracción inmensa
del vacío...

¡Ay, apetencias ingentes,
sueños voraces, deseos
465   sin posible
saciedad; ansias en vela,
ambición insomne, luces
increadas!

Al paso... Leguas y leguas
470   de quietud andante, blanda.
Lentas sombras
macilentas, de premioso
vagar, transitan parajes
imantados.

475   Bajo una luna de estática
luz, rezáganse los tardos
semovientes
de la noche; van, cansinos
ecos de angustia, arrastrando
480   vida inmoble.

Trémulos, modorra y frío,
prolongan la somnolencia
del pantano
que sacude, en tembladales
485   de légamo sordo, entrañas
movedizas.

Paso a paso avanza el limo
verde, que hunde en su blandicie

tremulenta
490 el andar descaminado
y disperso de unas sombras
que no avanzan.

¿Cómo transitar en cortos
pasos una tierra andante
495 —que transita
derrubiada por las húmedas
y azogadas lentitudes
de su fango?

¿Cómo no sentir, entraña
500 removida en los hedores
nauseabundos
y blandengues de la sorda
ciénaga, bascas de angustia,
y asco eterno?

505 ...Lentamente, torpemente,
y anegados en la broza
del camino,
por las verdes pestilencias
de la noche, éxodo inútil,
510 sin salida.

Sin doble —se fue la sombra,
el eco tácito—, solo
frente a un muro
de cal rabiosa... No hay numen
515 o consueta que te dicte
su palabra.

Solo. Ya no tienes musa
locuaz que te insufle vientos
melodiosos...
520 Ya estás, difícil, a solas
con la arduidad y el recato
de ti mismo.

¿Qué te dirás, lote mudo
de vida en sombra, esqueleto
525 de conciencia;
qué has de decirte en tu enjuta

pasión de verdad, a solas,
sin testigo?

–Señor: no quiero palabra
530 que me oculte; me desnudo
de mi verbo;
callo; vivo mi profunda
inexistencia, la vida
que me falta.

535 Por dar dicciones, acentos
lujosos, orales fastos
de mi idioma,
no hallo en mi verbo, verboso,
de locuaz, palabra viva
540 que me tenga,

vocablo que me persuada
de mi verdad de entredicho
redundante:
cuanto reiteré en excesos
545 de dicción: lo que no pude
decir nunca.

Bienaventurado el hombre
que calla porque no tiene
pensamiento
550 que dar, en sentido, en doble
sentimiento de palabras
que no escuchan.

Harto me desoyó el sordo
clamor de la frase henchida
555 de soberbia;
harto hablé cuando no dije
lo que pretendí en rotundas
oraciones.

Aquí está lo que yo sea,
560 en amago balbuciente
de palabra
sin prosodia: ya latido
de verdad trémula en pausas
de silencio...

TERCERA ELEGÍA JUBILAR

A Juan de la Encina, Jesús Jiménez
y Sindulfo de la Fuente.

AQUEL sol –luz y gloria–, que has perdido
en azares ajenos, de tahúres,
se te pone en los ojos, desmentido.

Por mucho que las plantas asegures,
5   por más que las congojas acrisoles,
la voz conserves y el recuerdo apures,

sabes ya que hay dos vidas –o dos soles
sucesivos–, dos modos de existencia,
dos secuestros de instantes españoles.

10 No tienes más presente que una ausencia
sin límites, nostalgia fervorosa
por donde vive tu supervivencia.

Ya la luz deshojada no es tu rosa
vespertina: martirio de los ojos,
15 la desojada luz arde y acosa.

Y, en su declinación, ponientes rojos
recogen unas cruentas retiradas
en donde se arrojaron los arrojos.

Escuchas sordamente tus pisadas,
20 ya maltraídas, porque no te llevan
a tus felices noches, alejadas.

Por no sentir el peso que conllevan,
los ojos se te esconden, y retraen
insomnios mal sufridos que se elevan

25   al impasible azul –de donde caen
        los estupores y los desconsuelos
        que el infortunio y la miseria atraen.

        Porque misericordia de los cielos
        vale igual que justicia de los hombres
30   y por entrambas velan tus desvelos.

        Larga enumeración de cortos nombres,
        la epopeya del odio por hundido
        te da, y no teme ya que te descombres.

        Pero, aunque te ha vencido, y convencido
35   al mundo con su red de iniquidades,
        estando tú despierto y él dormido,

        tú dormirás por fin en tus verdades
        cuando el mundo –ya herido– se despierte
        del sueño a plomo de sus liviandades.

40   Es el desadvertido quien te advierte
        cómo el insomne vive en su vigilia
        lo que él descansa ciego y ronca inerte.

        La adversidad –que es justa– no concilia
        adversidades y odios, acendrados
45   en sangre contra sangre, de familia.

        Mas, con filos de luz, los acosados
        aguadañan y podan su maleza,
        en desventuras bienaventurados.

        ¡Qué vida de silencios, qué grandeza
50   de soledades! Tu estrechez es vasta
        dominación, ejemplo de largueza.

        Tienes hambre, y el hambre no te gasta;
        tienes sed, y la sed no te consume.
        Tienes de sobra lo que no te basta.

55   La elevación profunda que se sume
        en tu ascetismo póstumo, secreto,
        y te va demacrando, te resume.

        Ascua o pasión, te yergues como un reto,
        pero nunca se humilla con pasiones
60   bajas la rigidez de tu esqueleto.

No desdeñas, no otorgas compasiones,
ni supones que son, como el maligno,
vísceras para odiar los corazones.

De tu tragedia —de tu error— condigno,
65   tu brújula no tiene veleidades
a ras de tierra, hostiles a tu Signo.

El acerbo mentir de las verdades
que te frustraron, ya no te enajena.
Vives, sin realidad, las realidades.

70   Y tu carne no es claustro de alma en pena;
que, sin vivir en ti, sientes, diverso,
de dos vidas hostiles la cadena.

Si se pierde el atónito disperso,
tú te ganas y encuentras en ti mismo,
75   miniatura cabal del Universo.

Tu vida socavada no es abismo,
sino ascensión a tierras entrañables.
Surcas, locuaz memoria, tu mutismo.

En rebeldía, por las deleitables
80   altiplanicies que te sustrajeron,
van —sin huella— tus pasos inefables.

Esos pasos que nunca se perdieron
en fácil atajar —que prolongaban
el camino en la tierra que tuvieron.

85   Y que ya, curso doble, se te acaban,
sin arribo —a la vez—, en dos vertientes
de mutua sombra adversa, y se te traban.

Por declives fatales, los torrentes
de tu sensualidad bajan la cuesta
90   supina de no ser omnipotentes.

Y, otoño prematuro, en la floresta
sin unánime luz de mediodía,
tu fauno de ocasión duerme la siesta.

(Con su ebriedad de carne sin hartura,
95	ya difícil el brinco predatorio,
se abrasa en calentura de hermosura.

Estímulo de luz, el perentorio
deseo inaplazable le acicata
con urgencias de celo venatorio.

100	Y en veces lo enajena y arrebata
por sobre los sentidos —decaídos
hoy, y ayer tensos— de su furia innata.

Pero, a veces también, sus sorprendidos
impulsos de varón no yerguen vuelo
105	prócer de ala viril, alicaídos.

Celosamente ya, reparte el celo
que le queda, en sazones y estaciones
propicias al amor de tierra y cielo.)

La vida se te escapa en evasiones
110	febriles, y el azar, que no es tu suerte,
juega y gana perdidas intenciones.

Sin un vivir radiante, ¿sueñas muerte
absoluta, de sombra hospitalaria
y perpetua, que nunca te despierte?

115	¡Oh Roma, peregrina sedentaria,
mendicante feliz, de pordioseo
universal; te compro mi plegaria

y tu bula patética! Deseo
sentir hasta qué punto es infalible
120	tu rencoroso y arduo merodeo.

pretendo conmover lo inconmovible:
tu poder temporal, hediondo azote
que es ya, por corrompido, incorruptible.

Tu desvalida grey es manso lote
125 con que se dota el pérfido Valido,
gran Camarlengo y máximo Nepote.

Frente a la eternidad, disminuido,
el hombre, que te mide, no se arredra:
llora las bendiciones que has vendido.

130 Arca de... ¿qué alianza?, solo yedra,
letal y vegetal ruina, decora
tu cabeza de Pedro, que es de piedra.

El sol en tus escombros se desdora,
y el verde aciago de la simonía
135 en amarillo vil se decolora.

Antiguo testamento de agonía,
la sangre que redime al irredento
se derrama y malversa en tu porfía.

El Dios del Sinaí pierde su acento
140 en tu insidioso fervorín latino
que perjura con vasto emolumento.

¡Qué bien, nube maligna, aguaste el vino
de la consagración en dos Españas!
«—¡Noble es Caín, y Abel, un asesino!»

145 —dijeron con tu voz sordas patrañas,
que yo (¡ven a mis brazos!) te perdono,
ecuménica, ¡sí!, de mis entrañas.

Úlcera de rencor, muerde tu encono
carne mortal y espíritu eviterno.
150 Y Dios —ángel caído de su Trono—

te maldice en las ascuas de mi infierno.
Hondo raudal de negras potestades
sacrílegas, ludibrio del Eterno.

Roma: romera estática, que invades
155 con tu celo infalible las exentas
jurisdicciones de mis soledades,

zig-zag verde y aciago en las tormentas
que desató la lívida y liviana
cerrazón de las cumbres que detentas,

160   alúmbrate en los rayos de mi humana
cólera, en el dolor de los vencidos;
desciende hasta tu origen de cristiana.

Asómate a los hombres perseguidos
y mira, en los despojos de sus tumbas
165   solas, la muerte en pie de los caídos.

Hoy en las altas bóvedas retumbas:
entiérrate de nuevo en la fraterna
eucaristía de las catacumbas.

Ruta de luz –de fe–, no pompa externa
170   ni veleidoso incienso, sube, salta
–limpia fugacidad de vida eterna–

a la vida del hombre, que es tan alta;
porque allí hay un dolor que no te duele
y falta una presencia, que es tu falta.

175   Tu cielo en celo azul, por más que vuele,
no ha de llegar a Dios con su premura
hasta que en nuestra noche se desvele.

Agua encendida de la noche, pura
transparencia de lentos manantiales
180   luminosos, latido de hermosura

soterrada, que vas, en ideales
transportes, conduciendo tu sagrada
corriente por caminos siempre iguales.

A tu raudal en fuga bien atada,
185   rocías con humildes rebeldías
la noche de tu tierra encadenada.

¡Quién tuviese de unánimes porfías
–como tú– el alma llena, y el destino
despejado y radiante de tus días!

190   ¡Quién pudiera dormir ese divino
sopor de estrellas blancas que te mece
el sueño constelado y cristalino!

Porque mi curso atónito, parece
llenar de doble vida estupefacta
195 dos cauces... y en los dos se desvanece.

No concreta aventura, sino abstracta
sed, calentura en sombra, escalofrío
de amanecida, soledad intacta,

¿qué tengo, aquí, en mi sombra, como mío?,
200 ¿qué es mío, allá, en la luz que me han negado?
¿A qué ausencia o presencia me confío?

Por mi origen –qué lejos– devorado,
sombra, aquí, de una sombra que se abstiene,
¡cómo siento que estoy en ningún lado!

205 Voy, sin ir, a una vida que no viene
–que está en su sitio y en mi sitio–, y vengo,
sin llegada, a un dolor que no me tiene

por unas veleidades que no tengo.
Asunto mexicano de española
210 leyenda desmentida, sobrevengo

aquí, donde el *sol indio tornasola*
mi cenotafio en pie, la movediza
tumba sin nadie de mi muerte sola.

No busquéis un residuo, la ceniza
215 fatal, en la congoja transparente
donde mi ausente luz se perenniza.

Ardí, como es costumbre de mi gente,
enteramente, que es mi poderío
sólo en poder sufrir omnipotente.

220 Errante –¿por qué sombra?–, en descarrío
perpetuo, la verdad que no deslumbra
pone en su ocaso un sol que no es el mío.

Y a este sol, que me abrasa y no me alumbra
–¡oh aquel sol que se enfría en mi recuerdo!–,
225 mi modo de no ser no se acostumbra.

En mi demencia gris de orate cuerdo
compulso los vesánicos quilates
contradictorios de mi desacuerdo;

pero no me dilato en los dislates
230   proféticos, de jerga sibilina
y oracular, que escupen los orates

alquiladizos, bufos de la inquina
tópica, que declaman soliloquios
trémulos en tremante tremolina.

235   Desoíd sus latidos –sus coloquios–
de canes en canícula, rencores
de hueso descarnado en circunloquios.

Escuchad el silencio: los clamores
de un mundo que sucumbe en el destino
240   –expiatorio y peor– de los mejores.

Venid, sombras radiantes, al camino
que desanda, con sólida andadura
humana, el existir, casi divino
por ultraterrenal, de mi locura.

(562) 2

No me podrán quitar el dolorido sentir...

GARCILASO

¿QUIÉN dobla, bronce roto, en el destierro?
¿Tu vida socavada en pobre entierro?
¿Tus soledades?

Escucha: pasos... ¿Pasos o tañidos?
5   Golpes de azada son, sobrevenidos
golpes de azada.

Enajenada luz vierte la luna.
Su rostro pánfilo, de inoportuna
carirredonda,

10   atisba tus insomnios españoles
de México –remotos, arduos soles
ya desolados.

Luto de aquel mal paso que no diste,
el ahuehuete de la Noche Triste,
15   sombra de un sueño,

hoy de remoto ayer, pérfida trama
retrocedida, sobre ti derrama
sueño de sombras.

Tu pena adulta llora, con vagido
20   informe de dolor recién nacido,
viejos dolores.

Y te acuna la luna milagrera
que sabe cómo, allí, donde te espera,
mitad del alma,

25   su cruz —reverso exacto, con menguantes
que cortan, siglo a siglo, los instantes—
te está mirando.

Te está mirando, aquí, tu sorprendido
vivir que, allá, guardándose, escondido,
30   sale de noche.

Te está mirando, aquí, supervivencia
azarosa, vigilia de conciencia
y eco de España.

Allí tu paso, ocaso de tu sombra,
35   furtivo, fugitivo, no te nombra;
pasa sin huella.

(Si es silueta —reflejo— ¿por qué gime?
¿Quién, si es rezago inmaterial, le oprime?
Todo es silencio.)

40   El castillo famoso, ya expugnado,
te encierra en sus murallas mal guardado,
celoso alcaide.

Pero la calle —noble— en que has nacido
siente y te hace sentir que no te has ido.
45   —¿Dónde llegaste?

Y, transparente y sólida, tu marcha,
raudal de llanto, síguete en la escarcha
de tu alta noche.

Ayer, cuando eras día, te tuviste.
50   Hoy te tiene la sombra que perdiste,
dos veces sombra.

¿Dos veces tú, partido en inclemente
pacto, entre contenido y continente
que te rebasan?

55   ¿Tú, contenido al fin; tú, incontenible
ayer, hoy razonable y apacible,
cauto y cautivo?

¿Adónde, por traerte, te llevaste?
Cuando más te buscabas, te encontraste
60   perdido... Solo,

sin alma ya, que el alma te dejaste,
vives vida española, vida al traste,
desentrañada.

(¿Dónde, sol sin ocaso, te pusiste?
65   En sangre de crepúsculos teñiste
los ominosos

crepúsculos de sangre que inundaron
el cauce de tu sombra y lo anegaron
de noche eterna.)

70   No te enajenarán el dolorido
sentir, pero te quitan tu sentido:
sombra de un eco.

Obligado, a merced de las mercedes
—triste cosecha de piedad—, no puedes
75   desencerrarte.

(¿Ves y sientes a Dios en su infalible
soberbia azul, de cielo incorruptible
que te anonada?

El zig-zag de su cólera amarilla
80   —fulminante sanción, rauda cuchilla—
¿te empavorece?

¿O lo comprendes, justo, en la verdura
de sus prados, unánime ternura
de tierra al cielo?)

85   Alma sola, entre solos: muchedumbre
de soledades, soterrada cumbre;
tu noche ajena

y tu día –ya equívoco– distante
no ven la angustia de tu error errante,
90   sin esperanza.

¡Qué ráfagas de azul y qué corrientes
innumerables y perdidas sientes
en tu congoja!

Y cielo y agua –en mutua inmensidad,
95   no en recíproco azul– dicen verdad
definitiva.

¡Definitiva! Al cabo, lo absoluto
te tiene ya resuelto, irresoluto
fin en principios.

100   Y en tus ojos –perpetuas claridades–
se te desmienten todas las verdades
que te engañaron.

Al fin –por fin, en fin–, fin ya, te empiezas
a acabar –sueños son que descabezas–
105   resueltamente.

Y ya tu corazón, que es uno y trino,
y tu cabeza, insigne desatino,
viven concordes.

Viven muerte. A sabiendas de que viven
110   muerte, ya no se acaban y desviven
por abarcarse.

(¿Quién abarca el latido, desbocado
galope en pista hermética, increado
brinco de sangre?

115   ¿Quién mide del magín imaginero
el nunca imaginable derrotero,
lasca encendida?

¡Infinitos al mar! En lo abarcado
–dos metros de egoísmo fermentado–
120   sólo hay hedores.)

Bien está el cauce –nunca pauta–. El río
lo trazó con su curso, a su albedrío.
Bien está el cauce.

Bien está la agonía: clave y punto
125 final de un difundirse ya difunto.
Bien está el río

—postrimería en luz, clarividencia
de un minuto infinito de conciencia—
que se desborda

130 y se vierte en el mar para morir
o sobre sus insomnios a dormir.
Todo es silencio.

(563) 3

...las cenizas de mi voz...

J. ORTEGA Y GASSET

PASA, perfil sonámbulo, en raudales
de luz ajena, sombra remedada
de intimidad en fuga, viceversa
suspicaz, un vivir que sobrevive,
5 sin dimensión, al margen: abstenido.
Sólo en sí, y lateral reminiscencia,
lleva su sesgo incógnito, su intacta
vida inhibida de superviviente.
Son pasos sin ejemplo, que no van
10 por donde apenas pisan, sus pisadas.
En una altiplanicie, de copiosos
amarillos y sol rememorado,
está la sombra ardida de ese cuerpo,
lastre inmediato de mi errar inmóvil.
15 ¡Vano reloj —¿y el tiempo?—, con la hora
en el redondo pasmo, ya intangible,
del mediodía! Son las doce —en punto
y para siempre acaso— de mi día
español, bien partido en dos mitades
20 de mal estar, de equívocos remotos.
Son pasos sin ejemplo, que no van
por donde pisan: clara trayectoria
—libre— de una forzosa permanencia

leal, que no se miente transitando
25 un suelo transitorio, en transeúnte
rastro o huella interina, de ocasión.
Y no existe la fácil circunstancia
ni el halago pueril que repantiga
sus cómodas fruiciones y sus lujos
30 advenedizos en gracioso azar.
No, no. Todo es un limpio itinerario
de clara intransigencia, una porfía
más allá del silencio y de la sombra.
¡El silencio! La vida que no *es*
35 –porque va– y que no *está* –porque no llega–,
es silencio o es sombra. ¿Qué es silencio?
Una niña está a punto de llorar;
decoro en carne viva, un hombre llora;
una mujer, desnuda, que ha llorado,
40 duerme...
                    Sí, esto es silencio, la suprema
expresión imposible del silencio.
El pájaro que quiere aletear,
y el que se posa y pliega son silencio.
El ir no tiene sombra, el estupor
45 no tiene sombra, la verdad no tiene
sombra. En el aire, el pájaro suspende
su silencio sin sombra.
                              Pero es sombra
enajenada, aquí, bajo mis pies
–donde no tengo sombra que me tenga–,
50 toda esta transición que me entretiene,
que tiene mi presencia.
                              El estar solo
adrede es un desierto voluntario
de infinitas arenas, sin oasis.
(Porque en las dunas que inventé se hunden
55 sólo pasos de arena movediza.)
Hombre quitado de su sitio y puesto,
sol español, en tierra americana,
sin edad cronológica, entre nubes
de estupor. ¿Cuántos años tiene el día
60 sin retorno? ¿Quién cumple en dispersiones

atónitas su tiempo? –¿Cuántos años
de muerte en carne viva? ¿Cuántas horas
de vida desterrada?–
              No se mide,
no tiene dimensión, este transcurso
65   que no transcurre.
              Con sus manecillas
plegadas en lo inmóvil, el reloj
–la esfera del reloj– es un redondo
cero absoluto en pausa, una copiosa
irradiación de tiempo sin latido,
70   de espacio en transición, intransitable.
Noción de Dios –de eternidad– abierta
en infinitas ráfagas de gloria
celeste: ¡qué soberbio desatino,
tanto implacable azul contra una múltiple
75   criatura nunca unánime, ajenada;
contra un contrasentido de propósitos
dispersos, al azar, sin voz posible;
contra una veleidad que vive eternas
perplejidades; qué impiedoso celo
80   celeste; todo un bloque de infinito
contra unos átomos inconciliables
de juventud senecta, de vejez
pueril, de soledad estupefacta,
o vida a contraluz, de penitencia
85   o muerte pusilánime, a la luz
infalible de un sol impenitente!
La noche canta y canta: no se escucha.
Aprende tú a no oírte la canción.
Una mujer –un ángulo difícil
90   de prolija belleza– está sintiendo
la voz ya fatigada de tu instinto
entre sus dos mitades.
              Allí está,
con tu canto, la gloria de tu canto.
La noche va en tu busca, y el rodeo
95   de tu vigilia fiel, que no coincide
con la noche en las vueltas del insomnio,
tiene un resol de verde luz oblicua,

de amanecer al sesgo, una insidiosa
claridad de soslayo... Entre tus sábanas
100   cautivo, se prolonga, remordiéndote,
el día que perdiste, el postergado
imperio de este sol que desconoces.
Aquí está todo lo que no deseas.
Allí, lo que no alcanzas. Bajo el sol,
105   ¿dónde tienes tu sombra? A paso lento
camina, y tú, en tu inmóvil abandono,
la ves, no como doble de ti mismo,
o como opaca superficie y luto
de tu desasimiento, o como dócil
110   emulación mimética y al margen
de tu contorno; sino desasida,
gozosa de su libre potestad,
ni cruz ni suplemento de tu falsa
presencia, manumisa de tu yugo.
115   Ya sin glosa sombría, tu ademán
limpio en el aire claro se recorta
como una acción pretérita: repite
—ya reiterado intérprete— el antojo
indeclinable de llevar tu vida,
120   sin ardid o artificio llevadero,
por donde va el afán que se la lleva.
Por donde va el afán que se la lleva,
te traes muerte clara, luminosa
agonía: el espejo de tu fin.
125   El espejo absoluto de tu fin.
Dime, sueño, ¿has dormido? Porque sueñas
y no duermes, te afila, te demacra
el celo solitario del insomne.
El ir no tiene sombra, pero es sombra
130   vida que no se entrega ni comparte.
El núcleo de la vida que has perdido
arde en tu soledad para ti solo
y te consume a solas, a lo largo
de la noche sin sueño, que repite
135   sueños arduos, remotos, de vigilias
luminosas: tu ayer rememorado.
Por ti, por tu cabal inexistencia

leal –que no se niegue quien reniegue–,
responden las cenizas de tu acento.
140 Sin nada, todo al margen de ese sitio
que dicen que es tu sitio, desistida
vida avizor, profunda, de raíces
propias, en tierra propia, en propio arraigo,
hacia su propia luz, no improvisada,
145 ¿quién mide los fervores de tu ausencia?
Acento, sí, inequívoco; rescoldo
de tu acento, cenizas de tu acento,
que nunca aventará con transitorias
maneras de decir, ni en *adecuados*
150 perjurios, ni en *plausibles* transacciones
ese que dicen forzador forzado
o imperativo –¿qué?– de la ocasión.
¡Ah, sí, tu *sí,* que siempre es sí, no tiene
turbias equivalencias, y el rotundo
155 *no,* que en tus labios nunca se mitiga,
es *no* de tus entrañas, decisivo.
...Pero ese mediodía del reloj,
redondo para siempre, con sus alas
unánimes plegadas en las doce
160 de un día sin retorno! Dos cipreses
superpuestos, de rígido perfil,
ponen su sombra aguda, inalterable,
sobre el cero absoluto de una ausencia
de tiempo, o superficie estupefacta.
165 ...¿Y en qué hora darás, recuperado
tu latir, la rotunda exactitud
de tu tiempo? Segundos que te acechan,
cábalas son, ardientes conjeturas
en torno de esa pausa, de ese fuste
170 de hielo, que es tu agudo surtidor
ya congelado, inmóvil, cara al cielo.
Hay una planta hostil que te suplanta
los pasos que no das, nimio transcurso
por donde no transcurres.
                            Más difícil
175 que la acción en tropel, tu contenido
ademán llega a ser freno absoluto

de apariencias y ardides.
                      Donde tienes
tu cuerpo, tu presencia, que te dobla,
sin doblegarse, donde estás sin ser,
yace el itinerario que te han roto,
pero que no se esparce ni disipa
en curso hechizo de oficioso azar.

180

EXUL UMBRA

*Publicado por la Editorial Stylo (Colección Nueva Floresta),
México, 1948.*

A mi madre.

REZAGOS DE SOMBRA

(564)

CUANDO lleguéis por fin a esta radiante
oscuridad de cima desolada,
os veréis, por entero, ya sin nada
que perder ni ganar, en un instante.

5   En un instante o sombra equidistante
de vuestra vida a fondo trabajada
y de esa eternidad, tan esperada
como imposible, que tendréis delante.

Veréis ese pasado, intemperante,
10   que os precede, y la sombra anonadada
de vuestro porvenir como sobrante.

Sentiréis en la cumbre, mareada
de eternidad, el vértigo gigante
de caer para siempre y para nada.

(565)

No tengo nada que decir, que nada
le importa ya a mi sombra de inhibido.
Sentirme y consentirme en lo vivido
es ya, de sol a sombra, mi jornada.

5   Pero esta vida de mi ayer, nublada
por un presente mal sobrevenido,
no consigue quitarme el dolorido
sentir que huella, errando, mi pisada.

Y no sé lo que soy ni cómo ha sido
10   ·este mudarse en vida consternada
un pensamiento siempre esclarecido.

Ni cómo en la pisada, de alcanzada
huella, que es mi avanzar de precedido,
se me entierra una vida desterrada.

(566)

Es que... mi duro esquema, mi esqueleto,
escueto, se mondó de añadiduras
y se entrechoca y cruje, con sus duras
y rígidas maneras, en secreto.

5   Es que... la muerte suena en mi soneto
cuando no escurro mis escurriduras
de retórico en blandas imposturas
y, ya abstracción de vida, me concreto.

Es que... acendré, saldando conjeturas,
10   todas mis convicciones, sin respeto
humano, en frases, como el alma, duras,

diciéndome del todo, por completo.
...Es que... me descarné, ya en mis oscuras
postrimerías, como mi esqueleto.

(567)

Y, YA chusco individuo... en dos mitades,
te aúna tu nostalgia íntegramente
en ese tu estar solo y solamente
con tu mentira rota en dos verdades.

5   Por no sentirte refalsado, evades
de tu presencia el alma, que te siente
hostil, extraño y lejos del presente
que con los restos de tu sombra invades.

No, no es verse menguado, disminuido
10 dentro del grave continente, apenas,
a duras penas, lleno de sentido.

No es transitar desiertos sin arenas,
desterrados... Es verse dividido
en dos mitades para siempre ajenas.

(568)

Y LA vida futura, que no tiene
fin, ¿vale acaso más que el infinito
presente, ya concluso, ya marchito,
ya pasado en el tiempo, cuando viene?

5 Sólo lo insostenible me sostiene.
A perpetua mudanza circunscrito,
el tiempo, intemporal, donde repito
mi vida, en tardo ayer me sobreviene.

Ayer fue el paso que no di, el acaso
10 que me dio con mi cierta incertidumbre
de mortal precedido, su fracaso.

Hoy es el eco de mi pesadumbre
pasada, lo que vuelve, con mi paso
sin dar, a repetirme su costumbre.

(569)

HUYENDO, al filo de mi vida ardiendo,
del toro de la sangre y la locura,
yo me quité, en un quite de cordura
mortal, del sitio que gané viviendo.

5 Y en este sitio que encontré, perdiendo
mi sitio, a la deriva, a la ventura,
desventurado, voy, con mi amargura,
siempre de vuelta, y sin volver, muriendo.

Sólo comprendo lo que no comprendo,
10 lo que no abarco ya. Y en la postura
que me han puesto me voy desvaneciendo

sin vanidad; borrando mi figura
desfigurada, mientras voy poniendo
el sol caduco de mi noche oscura.

(570)

VENIMOS de la noche, de la sombra
polvorienta, del odio rescoldado
a fuego lento, por la lenta alfombra
de la ceniza –polvo, triturado

5 residuo de un pasado que se nombra
con un nombre pretérito y dejado
de Dios, y que, tendido, desescombra
la sombra de su sueño derrumbado.

Venimos de la muerte sobre un resto
10 de vida que aun arrastra en su caída
su dispersada voluntad sin puesto.

¡Polvo en el polvo del camino, huida
sin fin! Venimos de la muerte en esto
–polvo en el polvo– que llamamos vida.

(571)

EL sueño, que te sueña en su voz alta,
y el respiro expirante te entrecorta,
te deja el corto movimiento a corta
acción atado en su fallar sin falta.

5 Tu sueño es ese brinco que no salta;
la acción de tu propósito, que aborta
en amago, y el gesto que recorta
el alcance al impulso que te asalta.

...Esa ansiedad de hacer, esa porfía
10 entre muros de sombra, infranqueables,
y ese inmóvil correr de tu agonía...

Despertarás –para morir–, un día
en ese hondón de intentos entrañables
donde todo tu hacer se deshacía.

(572)

ESTÁN en ti, en tu enérgica costumbre
de intentar, tus frustradas tentativas
de frenético inmóvil y tus vivas
pasiones: tu inmutable certidumbre.

5 Están en ti, y te abrasan con su lumbre,
que es razón, y en sus hierros de cautivas
te tienen, tus ideas, aunque vivas,
negándote en el odio de su herrumbre.

No, nada que fue intento claro, nada
10 que quiso ser, que pudo ser, se anega
del todo en sombra para siempre, en nada.

¡Sí, está, en el ser oscuro que te niega
con su existir latente, tu increada
claridad infinita, tu luz ciega!

(573)

(EPITAFIO DE LA ROSA)

ES vanidad sin nombre, alabanciosa
flor, pagarse de eterna lozanía
sin ser inmarcesible. Yo diría,
llama de olor, que es vanidad de rosa.

5 Eres tan vana –tan vanagloriosa–
que te sorprende en pasmo la agonía
y tú, atrozmente abierta a la alegría
de vivir, aun te ufanas ostentosa.

El lujo a toda luz que te da el día
10   te lo arrebata luego la envidiosa
noche, caduca como tú y baldía.

Lacios despojos del amor y glosa
a ras de tierra de tu altanería,
qué marchitez la tuya tan penosa.

(574)

(LA CANCIÓN)

YA la canción, perfecta en su clausura
de sangre, brota, porque Dios lo quiso,
fuera de su capullo circunciso
y enciende en rojo albor la noche oscura.

5   Rosa viril, abierta a la premura
del dolor, en la muerte, en el preciso
instante claro de la muerte –¡friso
de eternidad, ejemplo de hermosura!

Es la canción radiante, que fulgura;
10   no la quejumbre opaca del remiso
ni el judaico lamento, la impostura

que imposta en pre-dicción... el pitoniso.
Es el mar, siempre fiel a su amargura.
No la fétida charca de Narciso.

(575)

BAJO los duros pliegues del sudario
que arropa tu agonía desvelada
—el sudor frío de tu madrugada—
¡te sientes, ya legión, tan solitario!

5   En tu sueño de tumba, lapidario,
tu queja fervorosa, agusanada,
hierve con calentura casi helada
entre los huesos mondos de su osario.

En lo demente de tu mente, un eco
10   seco de eternidad, que suena a hueco,
te da cóncavamente tu sentido.

Ya estás, con los despojos, que eternizas
con tu causticidad –polvo y cenizas–,
en tu perpetua corrosión metido.

(576)

TODA la soledad, que no te cabe
dentro del alma, es tuya. El dolorido
sentir sin eco, falto de sentido,
calla en tu voz que no pronuncia, grave.

5   Desde el silencio del dolor, que sabe
ignorar ese deje, repetido
a ultranza por la lengua y el oído,
¡qué bien que en mutis la verdad acabe!

Sí, que nadie comparta tu infinita
10   sensación de estar solo, sin presente
y doblado en un doble que te evita.

Que no te escuchen nunca, en la elocuente
pausa de sombra que es tu voz escrita,
la verdad que te calla eternamente.

(577)

SÓLO el silencio –tu silencio– es digno
de ti: renuncia tácita, silente
y sigilosa mueca del prudente
dedo que sella el labio con su signo.

5   Sin fe, das fe de todo –fidedigno
señor de tus misterios, penitente
a piedra y lodo– en tu callar ardiente,
de tu pasión de exactitud condigno.

Sacrificas, celoso, tu perfecta
10   dicción, aunque rezongue, con refranes
bíblicos, bufos, la palabra abyecta

de los oráculos y fablistanes.
...Junto al silencio, que es tu voz dilecta,
ladra un ir y venir de sordos canes.

(578)

ME di —o me dije— de una vez. Presiento
que fue certera mi dicción. Ignoro
si mi palabra repercute en coro.
Tengo por uno, sin plural, mi acento.

5   No sé qué cosa es desdecirme. Tiento
me sobra, y no me basta. No es sonoro
mi dolor: lo mitiga, en el decoro
de sufrir, el pudor de lo que siento.

Dicen, si callo la verdad, que miento.
10   Hablan de mi aridez, porque no lloro
a gritos. No me gusta el esperpento

enfático del hombre. Corroboro
mi verdad sin parodias. Odio el cuento
—verde retahíla— que repite el loro.

LA VIDA ACERBA

(579)

VERDE, la saña es verde: por la ojera
tornasolada asoma, basilisco
moroso, sorna y gula de mordisco
glotón, gusano de la calavera.

5   Cuando su amarillez se desespera
de ser vinagre lento, frunce arisco
y rechinar de dientes, arenisco,
sueña ser cieno verde en primavera.

Cieno de verde tremedal, ventosa
10   escurridiza y verde, de fangosa
atracción verdinegra, solapada.

Verde letal y vegetal, pecina
verde, de bajos fondos, verde inquina
verde, en el verde légamo anegada.

(580)

ESA agonía –tu pasión– es lucha
nimia y pacto rüín. Tu insuficiente
pobre abastanza da bastantemente
su ínfima poquedad, que es siempre mucha.

5   Con tu mano siniestra, la más ducha
en transmitir el odio cordialmente,
se acompasa lo zurdo de tu mente.
Sordo rencor de sangre, ¿quién te escucha?

Siempre fuera de sí, como salida
10　de tu celo, es el alma quejumbrosa
que exhibes una réplica fingida.

Y no es de corazón ese latido
que te brinca en el pulso, es de sañosa
perra que ladra al hueso ya roído.

(581)

MITIGA tu lamento lamentable,
no fatigues tu son, que es son sonado
–sonsonete–, estribillo remedado
y bordón o soporte insoportable.

5　En la costumbre –mala y maleable–
que te tiene, por dúctil, mal doblado,
lo que repites, tartamudeado,
no te va a hacer más duro ni durable.

Las relaciones –o las letanías–
10　que farfullas de coro –de memoria–
no se nos dan un jeme, jeremías.

No, no apena tu pena transitoria,
que son tus amarguras acedías
de pedigüeño en pena por la gloria.

(582)

EL lustroso pavón, empavonado
y empavesado, péinase la seda
multicolor de su plumaje y queda,
rosca de pluma al sol, tornasolado.

5　Argos de escasa vista y mal mirado,
hace, barroco, su prolija rueda.
Quien competir con su arrogancia pueda
pasará de lo vivo a lo pintado.

Mientras el cascanueces quiebra y rozna
10   su yantar y lo rumia, el majestuoso
pavo en agudos estridentes vozna.

Tantas plumas le ponen por escrito
en lenguas, que, al callar, su fragoroso
y egregio mutis llega al infinito.

(583)

Y NO es acedo el vino; no es del mosto
sazonado la hiel que paladeas
cuando en su puro espíritu recreas
con tu agraz las primicias de tu agosto.

5   Para el ancho beber tienes angosto
el gaznate, de cortas melopeas,
y cuanto menos bebes más deseas
pagarte una embriaguez a bajo costo.

Confundes, mala cepa, la amargura
10   dionisiaca, magnífica, y la agrura
baja, vil, de tu boca repelida.

E imaginas, en fin, que ves dos veces
cuando ves doble y en vaivén te meces
dos veces con tu vida repetida.

(584)

SE palpa en vuestra sobria anatomía
el sesgo de una fuga descarnada,
galgos escuetos en la desalada
urgencia de correr que tiene el día

5   cuando despunta por la lejanía
—en desperezos, escalofrïada
y por su mordedura atarazada—
la luz de un sol en sombra todavía.

Atónitos ejemplos de porfía
10   veloz y de premura inmotivada,
como dardos de carne en agonía,

tras de una meta errante y desbocada,
os afiláis, escuálida jauría,
en el pasmo que os corta la llegada.

(585)

¿AUN en el Helicón, entre las musas?
Apolo, el musageta fiel, te guarde.
¡Bravas hembras indómitas! Les arde
el sexo en su codicia de reclusas.

5   A ver cómo las sirves y engatusas.
Para ser puro, la verdad, es tarde.
Imprégnalas. El canto es un alarde
viril en las entrañas de las musas.

Tómalas, a tu modo, en el fecundo
10   y sagrado momento de la ira,
cuando su grito sobrecoge al mundo,

cuando en su sexo la pasión expira.
Y que Apolo, el burlado y rubicundo
fiel, te ponga en los cuernos de su lira.

(586)

(A UN HOMBRE PEQUEÑO)

SIENDO canija y corta tu estatura,
no te darán los zancos la ascendencia
de carne y hueso que la preeminencia
impone desde arriba con su altura.

5   No te exageres en estiradura
o empinamiento en balde: menudencia
engallada es ruindad en evidencia
o, en picota, befada catadura.

Por más que empingorotes con largura
10   tu poquedad e, inflando la apariencia,
te estirajes, no cundes de figura.

Y en puntillas, tu afán de corpulencia
es, por de dentro, cóncava locura
u oquedad, un abismo de conciencia.

(587)

(A UN HOMBRE PEQUEÑO)

VUELTA

SI es tan ruin, tan escasa, tu estatura
como corta de alcance tu conciencia,
sé sobriamente enano en la incumbencia
de vivir por lo exiguo con holgura.

5   Si tu destino te metió en cintura
de diminuto, aguanta, que es demencia
desmesurar lo angosto en apariencia
cuando nos viene grande la envoltura.

Si un tomín o una pizca te da hartura
10   y un adarme de sombra es tu videncia
¿por qué finges que es hambre tu dolencia

y lucidez tu ceguedad sin cura?
El saber ser pequeño, nimia ciencia,
puede agrandarte a fondo en tu angostura.

EVOCACIONES

Y SIEMPRE la llanura, la llanura
de seca lentitud, que no acababa...
y un esqueleto al sol, que se alababa
enjutamente de su desventura.

5   Allí –donde, sin límites, locura
amarilla de sol y polvo, acaba
el mundo–, ascua en el aire, no pasaba
el tiempo con su paso de andadura.

La vida –vida a muerte– se dejaba
10   vivir, como impasible. Añadidura,
o don de más, el bien que se le daba,

siempre lo tuvo a menos la apostura
de aquel hombre sin sombra que entregaba
mondos sus huesos a la sepultura.

AQUEL aire cernido, transparente;
aquella luz filtrada, maravilla
que aquel sol acrisola, ni amarilla
ni azul: azul de oro exactamente...

5   Aquella lejanía, inmensamente
llana y sin una sombra, de Castilla,
donde hasta el ocre de la tierra brilla
limpio en el tiemblo de la luz caliente...

222

Aquel ir sin llegar, perpetuamente
10   por la llanura interminable, orilla
de aquel mar que es el cielo transparente...

Aquella luz... suspensa, ni amarilla
ni azul: azul de oro exactamente,
entre las nubes blancas de Castilla...

(590)

POR la planicie, soledad inmensa
que su afán de dominio va tendiendo
más allá de sí misma, voy sintiendo
cómo, alma en vilo, la llanura piensa.

5   Sobre tanta extensión es tan intensa
la luz, que todo el llano, suspendiendo
su polvo por el aire, se va yendo,
sin andadura, por la sombra densa.

Inaccesible fin, la lontananza
10   huye del amarillo exasperado
de la llanura sorda, que no alcanza

a salirse de sí por ningún lado.
Y el horizonte, inalterable, avanza
en lento azul, de caminar cansado.

(591)

(MADRID)

¡CÓMO me dueles y me sobresaltas
—en ti y sin ti— por próximo y distante;
cómo te llevo a mal traer, errante;
cómo en mis brincos de ternura saltas;

5   cómo te siento aquí, porque me faltas,
y allí, en tu estar y ser, tierra constante
—donde se llenan de tu luz radiante
los días, y las noches son tan altas!

Cómo comparte a solas mi huraña
10 tus efusiones –comunicativo
señor de una algazara sin motivo.

Y cómo siento y sufro en tu porfía
de jubiloso decidor el vivo
dolor que nos esconde tu alegría.

(592)

ANTONIO MACHADO

Y mi boca de sed poca.

A. M.

POR entre el negro cipresal –de luto,
mal vestido y andado– se pasea
un hombre. Marcha, absorto en una idea
fija; su paso es lento, irresoluto.

5 Pesan las horas con su tedio en bruto.
Carne caduca ya, que no desea,
se le arrastra cansina y como sea
a pagar con desgano su tributo.

El sórdido mesón. El instituto
10 ensordecido. Lento, paladea
en hondos tragos su gaznate enjuto

el vino espeso que la tarde orea...
¿Su boca de sed poca? Como astuto
bebe de espaldas, sin que yo le vea.

(593)

MIGUEL DE UNAMUNO

...metiendo espuela de oro a su locura.

A. M.

¡TANTO unos en otros! Y ninguno
en tu *otredad* –Machado lo diría
así–. Y así, a tus solas, te dolía
España, nunca unánime Unamuno.

5   Así, entre todos, contra todos, uno
e insolidario ¡cómo te mentía
en tus amargas veras la manía
de no sentirte en algo como alguno!

No, nunca quijotesco; unamunesco
10   siempre, y siempre individuo en tus porciones.
A ultranza bien librado y bien libresco.

Nunca convicto de tus convicciones
inconciliables. Único y dantesco,
¡metiendo espuela de oro a tus pasiones!

(594)

EL árbol verde con la sombra echada
–que se vertió– emborrona su sentido.
Si se sube a las ramas, engreído,
tiene la vanidad bien amarrada.

5   Desde una sombra a fondo, soterrada,
la rugosa corteza, con subido
afán, monta a la cima: estremecido
verdor que, en tierra, es réplica azogada.

Con fibrosas raíces bien atada,
10   su voluntad de vuelo, en el latido
trepador de la savia, busca el nido

que trina en alto, voz encaramada.
Ay, ángulo de angustia, tan erguido
y con la sombra en tierra, desmochada.

(595)

ALLÍ, rubio sofoco de la siesta,
allí, mujer y espiga, entre las mieses,
allí fueron tus glorias y reveses
y la amapola –el grito–de tu fiesta.

5   Allí supiste todo lo que cuesta
el dejarse vivir –sin que supieses
que pagabas de más, aunque te dieses
de menos– en el curso de una siesta.

Una tarde de junio, como ésta...
10   Si, desde allí, donde te aguardas, vieses
de aquel sol tan en alto lo que resta...

Ve, ve, desnuda y sola, en estos meses
de estío, y no en la siesta, ve a la puesta
de sol, a recordar entre las mieses.

(596)

¡AY, esta luz acerba y amarilla!
¡Ay, esta soledad enajenada!
¡Ay, este afán de todo tan sin nada
y esta sed, por de dentro, de Castilla!

5   ¡Ay, este sol, de herrumbre, que rastrilla
con su oriniento filo la esquilmada
tierra, por los rastrojos mal barbada
o rapada a cercén por la cuchilla!

¡Ay, los rabiosos perros, la traílla
10   canicular, de sorda tarascada
calcinante, a lo largo de la trilla!

¡Ay, la llanura quebrajosa, arada,
surcada por la reja, y la semilla
entre secos terrones agostada!

DÉCIMAS
DE SOMBRA Y LUZ

(597)

¡BIEN enciendes, ruiseñor
ilustre a fuerza de trinos,
la noche de los caminos!
Cantas y encantas mejor
5   cuanto más es tu dolor...
Tus treguas de virtüoso
intermitente, moroso
de la cuita, son oscuras
pausas con que nos procuras
10   tu pasmo en sombra, asombroso.

(598)

AQUÍ tu papel escrito
(no tu papel accionado,
que das por desempeñado
en parodias de maldito)
5   acaba con lo infinito.
Todo, concluso, cerrado
en ceros. Todo, manchado
de tinta, a un borrón adscrito.
Todo deleble, marchito.
10   Noche, todo trasnochado.

(599)

(VIGILIA DE POETA)

MÁRTIR de la luz, te tomas
de la ceniza –que abrasa–
y nos das, en tus idiomas
radiantes, como una brasa
5   de amor, todo el esplendor
de tu verbo, que es señor
sin ocaso, de encendida
plenitud, y en donde, exacta
luz, se nos devuelve, intacta,
10   la noche recién ardida.

(600)

PORQUE la noche sufraga
su tenebroso intervalo
–que es de muerte– con el halo
del lubricán. No se apaga.
5   Se rezaga en sombra aciaga.
Y piensa, en lutos suspensa,
que ha de ser luz lo que piensa.
Porque en el amanecer
hará nuevamente arder
10   su insomnio de noche inmensa.

(601)

¡QUÉ luz! A punta de estrella,
diamante esdrújulo, graba,
el amanecer, que acaba
de romper, la noche. ¡Bella
5   pasión, radiante querella,
quebrar albores! Clarín
de gallo alerta, y trajín
alegre, madrugador,
el lubricán, gran señor
10   de la duda, opta por fin.

(602)

(LA DISYUNTIVA)

LLEGARÁS a maravilla,
a pasmo, en la lucidez,
no inopinada tal vez,
de lo imprevisto, cuartilla.
5 O quizás, ardua semilla
fuera de surco, o donaire
que se va, en racha, al desgaire,
más allá de lo alcanzado,
serás un papel soplado
10 y sin pauta, por el aire.

(603)

(CANÍCULA)

El mal trago de la sed.

J. J. D.

LA luz de la tarde, enhiesta
–que tiende, sin paradoja,
su canicular congoja
de amodorrada en la siesta–,
5 me induce a dormir en esta
pausa de sudor. Y ved
cómo enciende en la pared
de cal rabiosa, amarilla,
la alterada pesadilla
10 –sorbo en seco– de la sed.

(604)

REZONGA, nasal y aciago,
el abejorro –crespón
de la siesta. De rondón
nos pone el luto su amago.
5 El aire, redondo, lago

auriamarillo, onda tersa,
acusa en el viceversa
del moscardón el agüero,
anillo de sombra y cero
10 letal de la vida adversa.

(605)

(ÁRBOL CON LLUVIA)

LLUVIA afín, primaveral,
cuyo caer suspendido
tiene momentos de nido
y agua absorta, de cristal.
5 Lluvia casi vegetal
que cuelga su descender
en los árboles, por ser,
golosa de verdes tiernos,
unos segundos eternos
10 la nostalgia de caer.

(606)

DEJADO estoy en lo escrito
sin dejadez ni premura.
Pero no es ardua escritura
la de este verbo infinito
5 que se recorta, contrito,
en la árida poquedad
de lo posible... Alcanzad,
cuando se plieguen mis alas,
con las vuestras, o en escalas
10 de vértigo, la verdad.

(607)

ALTIVAMENTE en el alto
cielo los ojos, subidos
por costumbre, y, mal movidos,

sin gracia, por el asfalto,
5   los pies, que añoran el salto
de la mocedad. Soltura
atada: triste andadura,
que va con perdido aplomo,
pero ya con pies de plomo,
10 derecha a su sepultura.

(608)

(ANTIFAZ DE RASO)

SOBRE la faz, que se arruga
en red indeleble, en haz
de frunces, el antifaz
es larva contra la oruga
5   ondulante de la arruga...
¡Bien haya la enmascarada
tez, en surcos roturada
con reja de amor!... Acaso
esté, al socaire del raso,
10 sintiéndose deseada.

(609)

(EL CIPRÉS)

VERTICAL designio es,
alzándose en su estatura
odorífera a una altura
inaccesible, el ciprés.
5   Vertical designio es
de una entraña que –lombrices
y gusanos, aprendices
de la muerte–, ya bien hecha
a corrupción, va en la flecha
10 que surte de sus raíces.

(610)

(ABRIL MADRILEÑO)

DÍA trémulo, de abril,
bien empapado de lilas
y nubes: horas tranquilas,
transparentes de aguas mil,
5   con sol oblicuo y añil
de cielo... Lluvia precaria
que juega, al aire, voltaria,
voluble, en sus tornadizos
chubascos. Alagadizos
10   relejes. Luz solitaria.

(611)

(MEDIODÍA)

PASMO escindido. Fatal
ruptura del mediodía.
Con perfecta simetría,
en uno y otro fanal
5   se reparte este caudal
de luz... Son sendas porciones.
Una, enhiesta en sus pasiones.
Otra, horizontal y lacia.
Pero en estado de gracia
10   mutua las dos con sus dones.

(612)

ESTA pasión, que es desvelo
y frenesí, bien batida,
hierro al rojo, por la vida,
se cuaja en bloques de hielo.
5   Cuando mi dolor congelo
o hielo mi desvarío
con aquilatado brío

de refrenador ecuánime,
me sienten glacial y exánime
10   bajo mi escritura en frío.

(613)

Sí, yo soy y estoy. No oculto,
con mentida equivalencia
–que no vale–, mi presencia,
siempre en relieve, de bulto.
5   Toda mi niñez de adulto
–mi infancia talluda– crece,
en estirón que enaltece
su talla –sus dimensiones
de justas desproporciones–
10   sobre la luz que amanece.

(614)

Vigilia lúcida es orto
de sol; que la noche, terca
opaca, a ser luz se acerca
con tesón insomne, absorto.
5   El río de tinta, corto
manantial de larga luz,
cuando enciende su abenuz
luctuoso sobre la vida
reciente, a la amanecida,
10   es lumbre que nace en cruz.

(615)

(UNDÉCIMA)

Nieve, lenta opacidad
de copo liviano, exigua
forma en suspensión, ambigua,
que, al cuajarte de verdad,

5   impones tu voluntad
lisa de ser transparente.
¡Qué aterciopeladamente
—sí, qué amortiguadamente—
dejas caer tu pelusa
10   glacial, unánime musa
blanca del páramo ardiente!

DOS CANCIONES
Y UN EPITAFIO

(616)

PERO ya tu puerta, abierta
solo a la noche cerrada,
no se da por franqueada
cuando la traspones...
                    ¡Puerta
5   de tu ayer, que no recibe
la vida que te postvive
dentro de tu carne muerta!

(617)

QUE no diga el corazón
jamás su corazonada.
Súbita y equivocada
voz de sangre extravasada
5   en un vuelco de pasión.
Que no diga el corazón
jamás su corazonada...

(618)

EPITAFIO

Y TÚ, hombre veleidoso y firme consecuente
—que no es contrasentido ni paradoja—, estás
junto al placer humano del yacer, adyacente,
buscándote en lo rígido de tu cuerpo presente
5   la vida —tan movida— que te dejaste atrás.

DE

PERPETUO ARRAIGO

DESTIERRO. PASIÓN DE SOMBRA.
TRES ELEGÍAS JUBILARES. EXUL UMBRA.
LA SOMBRA DESTERRADA.

(1939-1949)

Publicado por Finisterre, México, 1949.

DEDICATÒRIA

Non licet tibi flere inmodice.

SÉNECA

Dedico estas páginas –que entresaqué de *Destierro, Pasión de sombra, Tres elegías jubilares, Exul umbra* y *La sombra desterrada,* obra esta última no recogida en volumen– a Madrid, mi pueblo natal. Todos los libros que cito, como otros que no están representados en la presente selección, los escribí en Méjico, pero desde España, al través de una década de dolor desesperanzado y añorante, de 1939 a 1949.

Lejos de mi Madrid, la villa y corte,
ni de ella falto yo porque esté lejos,
ni hay una piedra allí que no me importe.
....
...cual por ese aire azul...

EULOGIO FLORENTINO SANZ

(619)

¡EL aire azul de Madrid!
Transido y alicortado
voy por un aire abrasado,
sordo y sin un eco. Oíd
5 mis pasos allá, en Madrid.
Que es donde dejo pisado
el suelo, apenas hollado
hoy por mi pie. Y advertid
cómo el andar desterrado
10 –que es andar en ningún lado–,
dando traspiés, da en el quid:
Mi planta de suplantado
borrándome aquí lo andado,
deja su huella en Madrid.

(620)

EL DESCAMINADO

En ese esguince de perfil –el lado
patético y en fuga de tu instable
vida a muerte–, aleznado y deleznable,
vas con tu voz de tinta, emborronado.

5   Se da a tu sombra en vilo, de arrancado
con ira y de raíz, lo que no es dable:
apenas, sólo, el sitio indispensable
en que apoyar el pie desarraigado.

Un andurrial o breña intransitable
10   te tiene en malandanzas desandado
y entre todo lo ajeno inajenable.

Camino que no lleva a ningún lado
¿cómo lo puede andar con razonable
paso y sin extravío el descarriado?

(Toulouse, abril, 1939)

(621)

VOZ NIETZSCHEANA

Mano, que urge el apremio, diligente;
pluma –que ya voló– tarda y suspensa;
quiere la vida, tentación inmensa,
que os dejéis arrastrar por la corriente.

5   En el ir sin llegar, marcha indigente,
no se os enlace la codicia tensa.
El camino, en rigor, es lo que piensa
la mente a fondo y lo que el alma siente.

El que tenga por vida su escritura,
10   que no apresure la caligrafía
ni imite el trazo ajeno por premura.

Si escribe con su sangre, en agonía,
tendrá propio existir, propia hermosura...
y muerte propia cuando muera un día.

(622)

MADRIGAL BÁRBARO

FELIZ quien por mitad suya te encuentre
y sepa, tras hallarte, promediarte;
el que, entero del todo por hallarte,
en tu mitad y puridad se centre;

5   el esforzado que te expugne y entre
en las entrañas a desentrañarte;
el que recoger logre, por sembrarte
a fondo, las cosechas de tu vientre;

el que te dé en copiosas avenidas
10   el caudal impetuoso que fecunde
tus hazas, surcos de futuras vidas...

El que te irrumpa con su desbordada
pasión, el que te arrastre, el que te inunde
y te deje en sus hijos anegada.

(623)

RETRATO

MAL bululú de frases sin acento,
nos repites, prosodia remedada,
la voz ajena sin decirnos nada
tuyo, con accionado alharaquiento.

5   Fonética mimética, esperpento
del énfasis y bulla exagerada,
tu incontinencia oral, tan desbordada,
nos llena de vacío el pensamiento.

Los dimes y diretes con que, viento
10   en balde, clamas, odre remendado,
fuelle zurcido, son resentimiento

u hollín de envidia y sombra de tiznado,
porque sopla pavesas tu *memento*
de miércoles corvillo, encenizado.

(624)

SIESTA DE JULIO

PAGO en sudor, a merced
de la siesta, mi tributo,
mientras en seco degluto
el mal trago de la sed.
5 En la cal de la pared,
que hierve, se solivianta
mi rabioso afán. Si es tanta
la sed, y el sudor me anega,
¿cómo, y por qué, no me llega
10 ni una gota a la garganta?

(625)

ORGULLO ABYECTO

PRÓCER, egregio, descuella
tu orgullo en la cumbre, huésped
intacto; pero, ya césped
y al ras del suelo, te huella
5 la vida, y se te querella,
triste mitad postergada,
lo que das al mundo en cada
paso: el arduo sacrificio
de no estar sólo al servicio
10 de tu cumbre nunca hollada.

LA SOMBRA DESTERRADA

Publicado por Almendros y Cía., México, 1950.

Non licet tibi flere inmodice.

SÉNECA

PASOS DE SOMBRA

Crains dans le mur
aveugle un regard qui t' épie...

GÉRARD DE NERVAL

(626)

LA RÉPLICA

AVANZA, sordo, con mi pesadumbre
a cuestas, mal doblado y bien transido,
mi doble, que en un muro, recorrido
negramente, me estampa por costumbre.

5 Como adumbra y sofoca hasta la lumbre
de mi aliento y apaga el encendido
vivir en que me abraso, su arrecido
borrón quiere que al hielo me acostumbre.

Y he de llevar, enfrente, mientras viva
10 en vilo, como sombra negativa
de un existir frustrado, mi remedo.

Apartad de mis ojos ese oscuro
delirio de mi réplica en el muro,
porque yo el muro derribar no puedo.

(627)

MEDIOS SERES

PARTIDO en dos mitades de repente
—una se escurre por el enlucido
muro, y otra me lleva sin sentido—,
corro, ya símil, paralelamente

5   con mi estantigua o réplica de enfrente.
De mis dos medios seres aburrido,
sufro a pares, por doble, el escindido
vivir en que me quiebra mi rompiente.

En mi culpa, relapso, impenitente,
10   con insistencia de borrón, reincido
harto de verme par y tan sin gente.

Ayer fui un hombre —me sentí vivido—,
porque estuve, de non, singularmente,
por un vivir de veras compartido.

(628)

MAÑANA SERÁ DIOS

ESTA yacija, donde se desploma
noche a noche el despojo de mí mismo,
no es cauce para el sueño, sino abismo
al que mi angustia de caer se asoma.

5   La sábana, que cubre y que no toma
la forma de mi cuerpo, en su mutismo,
sin un pliegue de amor, dice lo mismo
que mi despego y en el mismo idioma.

...Mañana será Dios, y su porfía
10   sacudirá, violenta, al mal dormido
con su irrupción de polvo o nuevo día.

Aquí no hay alta noche, y, tras la hora
más oscura de un cielo descendido,
se enciende el sol, de pronto, sin aurora.

(629)

EL CONSECUENTE

LLANO, como la palma de la mano,
aquel suelo feraz que me sostuvo
dio pie a mi andanza. Y, como el sol, anduvo
mi voluntad de cumbre por el llano.

5   Con lágrimas viriles el secano
regué y fertilicé; pero no hubo,
no, lluvia más feliz que la que tuvo
que derramar mi nube de verano.

¡Era tan mío el suelo; lo pisaba
10   tan amorosamente cuando andaba
buscándome, encontrándome, la vida!

Allí, sol de mis predios, ardió, a modo
de antorcha en alto, y se quemó del todo,
un alma al fuego de su tierra asida.

(630)

LA VOZ REMOTA

CORRIENTE por de dentro, soterraña,
voz que se me quedó bajo la tierra
que tuve y que me tuvo. Allí no yerra;
allí está siendo, como siempre, entraña.

5   Yo no canto en falsete la patraña
que atipla al que, avenido, se destierra.
Pronuncio desde allí, que es donde entierra
su son el grave acento que no engaña.

Aquí, sombra a lo lejos, me acompaña
10   el ademán suasorio de una tierra
que esgrime el gesto con rotunda maña.

Y os hablo, limpio timbre que se empaña
sobre los mares, como muerto en guerra,
desde una fosa, con mi voz de España.

(631)

CAÍDA A FONDO

Este dolor que tengo, y que me tiene
en pie, es razón –o sinrazón– de vida;
y es vertical y a plomo mi caída
porque el dolor que tengo me sostiene.

5 Aquel que fui cuando Dios quiso, viene
a apuntalarme la desfallecida
vida, que en falso está, mal sostenida
por un hoy que de pie ya no se tiene.

No estoy en mi estatura decrecida.
10 La dimensión que tengo no se aviene
con la sombra achicada de mi vida.

Hoy ya no soy: estoy, donde conviene
que esté, con mi apariencia entretenida
por un medio –o mitad– que no me tiene.

(632)

OCASO ENTRAÑABLE

Ya ni mi paso, a medio dar, es mío;
que mi doble en desliz me marca el paso.
Y fuera de mi sombra, en el acaso
sin azar de un perpetuo descarrío,

5 voy, como huyendo de mi andar radío,
sin sentirme el vivir por donde paso.
Es mi sendero, que me sobra, escaso
y estoy de más en él y en mi extravío.

Lo que tuve me llena en el vacío.
10 Gota a gota de sangre, me trasvaso
al ámpula remota de lo mío.

Cuando rebose en la clepsidra el vaso
que en tierra está, en mi tierra, yo os lo fío,
se pondrá un sol de aurora con mi ocaso.

(633)

EL MAR

Es el mar, siempre fiel a su amargura,
junto al acantilado que desea
fluir. Con sal y yodo la marea,
verde cauterio frío, abrasa y cura

5   la pena de la vida. Sembradura
humana, entre fugaces surcos, vea
el náufrago su origen, lo que sea
su origen, ya trocado en sepultura.

Es el mar, siempre fiel a su amargura.
10   Son las olas salobres, la marea
grávida de la muerte, con su oscura

zozobra... Y el misterio, lo que sea
el misterio de todo, en la hermosura
innumerable de lo que el mar sea...

(634)

FEUDO NEGATIVO

En este no vivir, que está tan cerca
de la muerte, y que es feudo negativo
del que yerra sin tierra y sin motivo,
siento la vida en falso que me cerca.

5   Mi sombra en fuga, que jamás se acerca
a nadie, sigue, como el fugitivo
pensamiento, esquivándose en lo vivo
—que se le muere—, marginal y terca.

¡Qué sorda obstinación inquebrantable!
10   ¡Qué voluntad —qué noluntad— tan firme!
Siendo lo transitorio intransitable,

sé no vivir, mientras me voy sin irme...
Y así estoy, que no soy desarraigable,
bajo la tierra que tendré al morirme.

(635)

LENGUA NO APRENDIDA

HABLE tu voz con lengua no aprendida.
Eluda, esquive, el énfasis, que es hueco
pronunciar, y las réplicas del eco.
Hartos relieves sobran en la vida.

5   Si la palabra tiembla estremecida,
vale, y no importa que se rompa en seco.
El son, si es sólo eufónico embeleco
o sonsonete, tiene corta vida.

No compongas tus frases, no articules
10 la voz preciosamente: no te adules.
Pon en tus versos todos tus sentidos,

tenga sentido o no lo que modules,
a tu modo y manera, para oídos
que sueñen, más que escuchen, los sonidos.

(636)

HUMANA ORACIÓN

SIN alma —tierra madre—, sin el suelo
de roca que me tuvo, noto, al filo
de tanta aberración, que no hay asilo
para quien vive de querencia en celo.

5   De tanto errar tan sin querer me duelo.
Saltó de mí mi sombra, rompió el hilo
que la ataba a mi cuerpo y a mi estilo,
y, revolando, me remeda el vuelo.

...Allá, tierra entrañable, donde suelo
10 vivir tan a distancia, mi sigilo
va cavando una fosa, cara al cielo.

Para que muera a mi sabor, tranquilo,
ponedme en mi lugar, dadme mi suelo,
¡no me dejéis también la muerte en vilo!

(637)

OTOÑO

TAMBIÉN la tarde es bella. Bien maduros,
sazón rugosa, cuelgan, ya cansinos,
los frutos, empapados de ambarinos
almíbares, ¡y están tan inseguros

5   en la rama vencida y tan oscuros
y lacios en su sombra! Los albinos
vientos de otoño –como brisas, finos;
como los grises del ocaso, puros–

les orean en ronda la caída
10   inminente y la gracia suspendida
por milagro en la pulpa y el aroma.

...Señor, sacude mi transido celo
y arráncame; no dejes que en el suelo
la muerte –oruga del horror– me coma.

(638)

SILENCIO A FONDO

SEÑOR, hablo silencios. ¿Quién escucha
los que, roncos, asordan mis oídos?
Más acá –y más allá– de los sentidos,
tengo la voz con la palabra en lucha.

5   Tengo la voz, para no hablar, tan ducha
en no tener acentos compartidos,
que los que emite quedan abolidos
por el silencio a fondo que me escucha.

Mi soledad para mí solo es mucha.
10   Lo que callo a conciencia –los buidos
conceptos que se embotan en mi lucha–

no está al alcance ya de los sentidos.
¡Señor, esa jauría! ¿Quién achucha
sus perros, que atarazan con ladridos?

(639)

CIENO HUMANO

Voz trémula, de légamo: pecina
turbia bajo la noche trasparente.
Lo que dice la charca, sordamente
febril, es grito opaco, de neblina.

5   Habla su voz de fondo, con sordina.
Dios, allá, en las alturas, inminente,
aunque no escuche el grito impenitente
del fango, sus clamores adivina.

De limo –así lo hiciste–, el hombre, lleno
10   de su bajo existir, envilecido
por su corrupción verde, en su veneno

estancado, te dice resentido:
–Señor, atiende; que mi voz de cieno,
sorda, no alcanza a salpicar tu oído.

(640)

OTOÑO ENTRAÑABLE

Tu enjuto padecer no me es ajeno,
que, como mío, pero en ti, me duele.
Por ser de entrambos, a los dos nos suele
matar tan sólo a medias su veneno.

5   Me erguí arrogante ayer, como tu seno
rotundo, henchido. Y hoy, por más que vuele,
ala a medio tender, y me rebele
contra Dios, no es el aire mi terreno.

Hombre de tierra soy, y, al dar en tierra,
10   compartiendo tu lacia servidumbre
de fruto desgajado y serotino,

la sorda paz de mi perdida guerra,
que aun me mueve las alas por costumbre,
no me remonta un palmo en el camino.

(641)

MUERTE VIVA

MI boca, sangre tensa en celo hirviente,
que ya me sabe a polvo y a ceniza,
supo, saber aciago, la ajadiza
condición de las cosas, de repente.

5   Supo que en la sazón está, inminente,
la desintegración anegadiza
y que en el fruto aun terso se desliza
el viscoso gusano blandamente.

...Me subió hasta los labios de improviso
10   el sabor ocre y fosco de la arena;
el polvo, puesto en pie, de mi caída.

Fuera ya del cercado paraíso,
siento, boca insaciable, la gangrena
voraz y sorda que me come en vida.

(642)

AGONÍA

Y A la postre, en mi fin, postrimería
solo, solo añoranza, solo història...
Allí, donde Dios quiso, fue la gloria
y aquí, porque él lo quiere, la agonía.

5   Aferrada a su antaño, con porfía,
sobre el olvidadizo, mi memoria
quiere poner a salvo de la escoria
que la anegó el orgullo de su hombría.

Ayer fui un hombre. Cuando Dios quería
10   tuve, no la conciencia transitoria
y en fuga que hoy me pierde y extravía,

sino mi noble y clara trayectoria
de varón que, al pisar como sabía,
se enraizaba en la tierra que tenía.

(643)

EL ÉXODO

Van juntos –y qué solos–, arrecidos
por la alta noche y con la sangre hirviendo,
los arrancados de raíz, huyendo
de su existencia en todos los sentidos.

5   Odio a golpes les da con sus latidos
el corazón, que vive aborreciendo
cuanto amó un día y que se está pudriendo
en rencores de sombra, resentidos.

Va con ellos el dios de los vencidos
10 –deidad inerme–, y búrlase, tremendo
y alabancioso, junto a los caídos,

el triunfador heroico... Van huyendo,
por la noche y las sombras ateridos
de horror, los que se van desvaneciendo.

(644)

CÁNTICO

Frente obstinadamente pensativa
–¡ay, obstinada mente!–, con su inmensa
mole de pesadumbre, que te prensa,
exprime –expresa– el mundo tu ansia viva.

5   Tu sangre, ardiente y comunicativa,
que se extravasa a borbotones, piensa,
desde otros pensamientos, en tu intensa
pasión de ser verdad que sobreviva.

Vuelva al polvo ese barro que te esquiva,
10 friable; concluya en resto la indefensa
forma de tu soporte, intempestiva.

No, tú no cabes en la muerte, extensa
voz, hecha a resonar, siempre cautiva
del silencio, en la sangre que te piensa.

(645)

VOZ AÑORANTE

EL paso corto de tu andar a trechos
se te vuelve penosa malandanza.
Y vas fuera de ti, sin esperanza,
pero limpio de enconos y despechos.

5   No te quebraste. Junto a los deshechos
—desechados—, entona tu alabanza
el ecuánime fiel de esa balanza
que compensan tus dichos y tus hechos.

Sin cimas que escalar, subes repechos
10   sólo para sentir en lontananza
las tierras de Castilla —sus barbechos

y rastrojeras— como se te alcanza.
Pese a su torcedor, andan derechos
los pasos —tierra en pie— de tu añoranza.

(646)

FALSO ANDAR

ESOS que das al polvo del camino
pasos de muerte son. Se te adelanta
la sombra, urgida, que de ti se espanta
porque te ve, en lo inmóvil, peregrino.

5   ¡Ay, sedentario nómada, cansino
huidor de fuga lenta! Como es tanta
tu acucia de correr y te levanta
un muro ante los pasos el destino,

ir sin llegar y en sombras es tu sino.
10   Tu fugitiva voz, que ya no canta,
como un eco remoto, como un trino

ya roto, se te hiela en la garganta,
mientras que, en falso andar, no hace camino
sobre el camino el polvo de tu planta.

(647)

EL DESIERTO QUE CLAMA

ESTOY —es más que solo, más— desierto.
Mi corazón consunto, calcinado,
sólo tiene cenizas de un pasado
que ardió a la luz y a la verdad abierto.

5   Me despobló la vida. Más que muerto,
estoy en pena, en suspensión, colgado
de este horrible no estar en ningún lado
que es en tanta ficción lo único cierto.

Voy, impostura al margen, a mi lado,
10   junto al hombre que fui, y tan mal despierto,
que tomo como vida lo soñado.

Por la aridez de su arenal cubierto,
clama mi corazón deshabitado
con un grito sin fin, también desierto.

(648)

EL EX-HOMBRE

EN vez del vino de la tierra, el loto
que, zumo aciago y lúcido nepente,
me borra sólo lo inmediatamente
vivido por ajeno y por remoto.

5   Aunque me estanca dentro de su coto
la corrupción del tiempo, y el presente
se me pudre, yo estoy enteramente
en las reliquias de mi ayer devoto.

No me mueve a temblar el terremoto
10   que, sacudiendo el limo sordamente,
sofoca hasta el crujir del suelo roto,

porque voy, bajo un sol inmensamente
puesto, sobre mis huellas —donde noto
la vida—, sin futuro y sin presente.

(649)

EL DESORIENTADO

LLENO de soledad, por el vacío
errante de una noche tan oscura
e interminable como la locura
nómada del perpetuo descarrío,

5   voy sopesando mi dolor en frío.
Me lastra y no me aploma la andadura
mi pesar, y su agobio de cordura
me pone al ras de tierra el desvarío.

Ayer me tuvo en firme un paso mío.
10   Hoy estoy a merced de la impostura,
porque voy, sin presente, en la postura

de este doble o trasunto, tan sombrío,
que estampa en la pared la escurridura
deleble y sorda de mi andar radío.

(650)

EL CAMINO

CASI en la muerte estaba, cuando vino
la luz, hostil y dura, a rescatarme
de las tinieblas; y, al reincorporarme
a la vigilia, remachó mi sino

5   en mi existir penúltimo, interino,
y me restituyó lo que, al nublarme
el sueño, perdí a medias: el adarme
de lucidez que alumbra mi camino.

Hay que seguir andando, peregrino.
10   Con el horror o angustia de quedarme,
de dejarme en la senda, pierdo el tino.

Tengo que andar y tengo que llevarme,
como a remolque de mi andar cansino,
a donde está mi tierra, y enterrarme.

(651)

LAS RAÍCES

¿CÓMO medir tu soledad, la extensa
porción de mundo ajeno, que te acota
en destino sin fin tu vida rota,
sólo pasado y añoranza inmensa?

5 Allí, lejos, al sol, donde te piensa
la tierra en que te ahincaste, tan remota,
todo, al sentirte y al no verte, nota
tu vida, de hombre en vilo, mal suspensa.

Desde aquel surco, donde tus raíces
10 estaban, el arado te echó a un lado
como gleba de sobra en el cultivo...

Si no tienes el alma donde dices
que alientas, ¿en qué horrores, arrancado
de cuajo y sin entrañas, estás vivo?

(652)

COSECHA FINAL

YA mi vida cabal de prosperado
varón ganoso, atroja la cosecha
opima de sus hazas. De tan hecha,
me tiene mi sazón desazonado.

5 Aquí tengo, en conjunto, lo alcanzado:
el grano adunia que mi mano aecha
por una criba de cernir deshecha.
Lo que trillé y dejé mal aventado.

La espiga de mis surcos, áurea flecha,
10 es hoy ardiente cereal, salvado
y polvo. En esta troje, tan estrecha,

caben ya mi horizonte, triturado;
mi llanura sin límites, maltrecha,
y mi infinito, en trizas, cosechado.

EL PASADO

(653)

NIDO DE ÁNGELES

(Ocaso en Castilla)

VAN en ráfaga. Van en ascendente
fuga trémula. El aire, alicaído,
se pasma: siente en alto un suspendido
aletear, un vuelo sorprendente.

5 Diríase que el cielo del poniente
se queda de estupor sobrecogido.
Unas alas sin sombra han removido
el intacto celaje de repente.

Tiembla la luz e, inopinadamente,
10 las nubes dejan paso al vuelo urgido
de una legión angelical y ardiente.

En donde estuvo el sol, ya descendido,
cuelgan, y no se ven, con qué caliente
temblor, las plumas del augusto nido.

263

(654)

EVOCACIÓN DE ABRIL

EXCLAMO ¡abril! –¡abril!– y un aire fino,
y una delgada luz intermitente,
y una lluvia en suspenso, de latente
caer, llenan de España mi camino.

5 Húmedo el aire tiembla y brinca el trino
que nos empapa melodiosamente.
Del agua que le colma el árbol siente
como un temblor colgado y ambarino.

Entre rachas de luz hace camino
10 un lloviznar voluble y trasparente.
Pero no llega al suelo el cristalino

don: lo absorbe la fronda ávidamente.
¡Verde mirar de abril, con cuánto tino
pasa por ti lo eterno fugazmente!

(655)

ABRIL

En abril
aguas mil...

YA tiene húmedos tallos el albor.
Vellones suaves carda el cielo añil.
Suena a mojado el pífano de abril.
Todo tiembla y es verde su temblor.

5 Disimula entre nubes su esplendor
el día, todavía de perfil,
y en el prado, empapado de aguas mil,
hay un advenimiento de verdor.

Gaya ciencia, la urgencia moceril
10 estalla en el capullo, y es ya flor.
Todo sirve sin ánima servil.

¡Alacridad, presteza del fervor!
Trisca en los cerros, como tú, cerril
instinto, el alma tierna del amor.

(656)

EL ENCARAMADO

JUNTO al árbol viril, su sombra en celo,
como mujer para el amor tendida
de espaldas, se le ofrece, ya movida
pasión o ansia de esposa, sobre el suelo.

5   Erguido, el árbol, con la savia en vuelo,
no quiere derramarse en su caída
mitad, que es superficie, estremecida
al ras de tierra por un bajo anhelo.

La tarde canta en alto, tras el velo
10 de su azul, para darse, bien subida,
en tálamo de nubes, por el cielo.

Glorioso encaramado, tu caída
de copa lacia al fin, será el consuelo
de tu mitad de sombra, resentida.

(657)

ESTÍO

HUELE a verano ya, suena a verano
—¡qué retumbar en hueco!—. Es un vacío
lleno de cañas rotas el estío
sordo: eco seco, que redunda ufano.

5   Un olor estridente, de secano,
sube en grietas su hirsuto desvarío
de la tierra agostada. Donde el río
fluyó, está el cauce, enjuto como el llano.

Los juncos, ya pajones, en su avío,
10 y las hirientes tobas, a la mano,
se grifan: son las uñas del sequío.

Huele a verano ya, suena a verano,
y todo un mundo de élitros, baldío,
se desmorona y pierde en polvo vano.

(658)

EVOCACIÓN DE UNA NEVADA

MIRA caer el frío. Blandamente,
en esponjados copos, va cayendo
el frío de la tarde, y se va haciendo
resbaladizo, duro y trasparente.

5 Sobre la tierra, ya concretamente
hostil, se ensucia y cuaja. Está sintiendo
el rencor del caído. Está sufriendo
por su ingrávido ser, compactamente.

No lo humilles ni enlodes con tu marcha
10 de cauto entumecido: que su escarcha
huela a intemperie virgen y arrecida,

a hielo intacto. Y oye, imperceptible
disloque de sus témpanos, lo audible
apenas de este frío de la vida.

(659)

LA SIESTA

EL aire, bien tensado, cruje en seco,
y rechina, estridente, el amarillo
de la siesta. Un olor crespo, a tomillo
fosco, me raspa el alentar reseco.

5 Los abejorros zumban; muerde en hueco
la chicharra, al serrar con su estribillo.
Sobre mí se apelmazan, jabardillo
rezongante, las moscas. Como un eco,

mas con latido hostil, a un can que late
10 mi corazón responde, y se debate
desalentadamente en el bochorno

de esta sorda canícula suspenso.
Polvo de pajonal, un aire denso
borra con su calígine el contorno.

(660)

PONIENTE

¡OH, qué cúpula al rojo, incandescente!
Es un ocaso en llamas. Y la tarde,
que se nos quema entre las nubes, arde
también en tierra. El polvo está caliente.

5   Sale la luna fría, y el candente
crepúsculo rechaza su cobarde
luz lenta. Se consume en un alarde
último el sol rodando su pendiente.

Dios, inminente, da en el horizonte
10   un resplandor que ciega y en el monte
más alto prende su terrible lumbre.

...En la noche del alma, que es de hielo,
ponme, Señor, las iras de este cielo
y enciende así mi hondón desde tu cumbre.

(661)

TORMENTA

SOBRE el monte plomizo, como ilesa
playa de un archipiélago anegado,
fulge, isla con el puerto bien anclado,
la intacta lluvia de una nube presa.

5   Atormentada luz arde en la gruesa
avenida, o torrente desatado
por tanta tempestad, que, sin un vado
posible, las llanuras atraviesa.

Intimidante, el relampagueado
10   cielo abandona la mezquina presa
que corre a grupas del pavor sagrado.

Cuando amaina el alud y se represa,
y de ludir sus eslabones cesa
la nube, huele a pedernal mojado.

(662)

AMOR DE AYER

No sobrenado, no, que, anegadizo
leño, el amor se me sumerge a fondo.
Sin veleidad de somormujo ahondo
buscándome en lo nunca alcanzadizo.

5   No es superficie, vana espuma, el brizo
que te mece a placer. Donde me escondo,
antro salobre, todo en ti, ¡es tan hondo
el vaivén y el deleite tan macizo!

Tus costas bravas saben el denuedo
10 con que arrostro, desnudo, la entrañable
procela, amor que dominar no puedo.

Ancla viril y tirantez de cable,
me sumo en ti, ola baja, y nunca quedo
sacio de tu sabor innumerable.

(663)

LOS VIENTOS ALTANOS

De la tierra amarrada, a los arcanos
verdes del mar; del mar, en trayectoria
repelida, a lo inmoble. Simple historia
de lanzadera sois, vientos altanos.

5   Ocres y lisos vais, como los llanos,
con pies de polvo, y seca ejecutoria
mojáis en hondo mar. Con su memoria
salobre, y ya de vuelta, andáis ufanos.

Al partir de la tierra, en ilusoria
10 fuga, y al transitar los oceanos
con un zig-zag de falsa escapatoria,

¿dónde está vuestro arbitrio, soberanos,
si, como a mí, fatal, la trayectoria
os ata –ir y venir– de pies y manos?

EL DOLOR

(664)

DOLOR HUMANO

Aquí en mi jaula estoy, con mi jauría
famélica. El escaso nutrimento
de mi carne no sirve de sustento
a la voracidad en agonía

5   de este tropel devorador que ansía
mi cuotidiano despedazamiento
y que ataraza, en busca de alimento,
mis huesos triturados, noche y día.

Pero no me lamento; no podría
10   dolerme yo, Señor, de mi tormento
junto a tu cruz, que blasfemar sería.

Múltiple fue tu compadecimiento,
—por todos tu sufrir—... y en mi agonía
no cabe más dolor que el que yo siento.

(665)

DOLOR DE FONDO

ESTE dolor tan mondo, tan escueto,
que no quiere salirse descarnado
de mí, de mi soporte ya cansado
de soportarme, es pena de esqueleto.

5 Como raer de esquirla, recoleto,
como crujir de hueso socavado,
su angustioso latido, sofocado
por la carne, retumba en mi secreto.

Hay un dolor mollar, como repleto
10 de sí, un dolor orondo, abotargado,
que gusta de exhibirse por completo.

El que a mí me socava, delicado,
vergonzante quizá, deja su neto
perfil en mis hondones recatado.

(666)

PENSAMIENTO PROPIO

MI lumbre es sólo mía y tan escasa
que no llega a alumbraros. Esclarece
mi rincón de hombre solo y permanece
fiel a los cuatro muros de mi casa.

5 Es un rescoldo que se aviva en brasa
cuando Dios sopla en él. No me encandece
ni me deslumbra, que jamás se crece
ni de ser lumbre cenicienta pasa.

Si es pobremente lúcida, poseo
10 su alentar, y, a sus cortos resplandores,
tal como soy y en donde estoy me veo.

Tu antorcha en alto, vítor de esplendores,
ofusca y no ilumina: es un trofeo
que sólo alcanza a arder entre clamores.

(667)

LAS RUINAS

...Y TODAVÍA aliento y me consiento
un vivir como al margen de las cosas.
Ardí ayer en vigilias laboriosas.
Hoy, quisiera apagarme el pensamiento.

5   Busco tan sólo mi anonadamiento.
Ya desasido de las querenciosas
costumbres, apremiantes o morosas,
del afán y del ansia, me arrepiento

del sentir promediado con que siento
10 y de las rachas casi luminosas
que emite a media luz mi pensamiento.

¡Ruinas en pie de mi vivir, airosas
torres! Presiento en mi derrumbamiento
la oquedad polvorienta de las cosas.

(668)

LENTO ADIÓS

Yo me sentí la vida, la apretada
granazón del deseo. Por mis venas
corrió una sangre hirviente. Tuve penas
dulces y una pasión arrebatada.

5   Dejé mi voluntad desparramada
sobre las cosas. Siempre a manos llenas
tomé lo que me plugo, y lo que apenas
me plugo no fue sombra en mi jornada.

No prescindí –penosa opción– de nada.
10 Mis apetitos, libres de cadenas,
saciáronse en la pulpa sazonada.

...Hoy voy, no sé hacia dónde, por serenas
horas de lento adiós, y voy sin nada,
que hasta mis culpas ya me son ajenas.

(669)

NOCHE A FONDO

ESTA siendo la noche. Tras un día
que no fue, densa y sólida, está siendo
la noche. Y va cayendo, y se va irguiendo
áspera y concienzudamente fría.

5   Tuvo el sol, más que puesta de agonía,
ensimismada muerte, de tremendo
caer, y lo cegó, sobreviniendo,
monte abrupto, la noche que nacía.

Y está siendo de veras, con porfía
10   mortal, fatal; y su macabro atuendo
cubre y enluta el túmulo del día.

Y está en el sitio de la luz, haciendo
muerte a conciencia, y aun con ufanía,
la noche interminable, que *está siendo*.

(670)

POSTRIMERÍA

ESA noche que intuyes, tan oscura
como indeleble, y ya definitiva
sanción contra el mirar en carne viva
de tus ojos hambrientos de hermosura,

5   te sobreviene en un alud. Negrura
intemporal y sombra intempestiva,
cegará tu pasión inquisitiva,
tu lucidez de sangre que fulgura.

Ya, ya van desnaciéndote, criatura
10   hecha para morir. ¡Qué boca arriba
más ciego el porvenir de tu estatura!

Y tienes ante ti la disyuntiva
terrible, y no la opción. (Poco segura
de sí, tu fe se escurre a la deriva...)

(671)

EL DESENLACE

POR una tarde de mi ayer, dorada,
de luz caliente y de tostada arena,
me voy. Y vuelvo a ser hombre sin pena,
y no vida a remolque y abrumada.

5   Esta tarde es el fin de mi jornada
—harto lo sé—, y el aire se me llena
de luz. Llevo mi muerte con serena
unción sobre la carne sosegada.

Libre del todo estoy, porque ya nada
10 al mundo de los hombres me encadena.
Y lo único que tengo, la mirada

lúcida, de mis ojos se enajena.
Por una tarde fiel, resucitada
para mi muerte, en fin, me voy sin pena...

(672)

ORACIÓN

DIOS de mis soledades españolas,
Señor de mi horizonte verdadero:
Jesús, que hizo del mar firme sendero,
no se llega hasta mí sobre las olas.

5   Aquí, remoto, en esta cruz, me inmolas,
desentrañado de lo que más quiero.
(No te tiene, no tiene derrotero,
el que vive sin tierra y siempre a solas.)

Sopla, Señor, en mi rescoldo; avienta
10 su ceniza mortal, residuo inerte
de lo que se quemó para tu afrenta.

Y alza tu voz sobre mi suelo, y fuerte,
para que, en mar y cielo, yo la sienta
venir desde mi cuna hasta mi muerte.

DÉCIMAS

(673)

EL HÁBITO

(A una dama que, dando cumpli-
miento a un voto, viste hábito de
parda estameña)

MIENTE, evidente impostura
de burda estofa, tu traje.
Tosco y humilde, es ultraje
que tu soberbia hermosura
5   no sufre. Tu alta estatura,
y tu brío, y tu ademán
–tan augustos–, ¡qué mal van
con la baja servidumbre
del hábito sin costumbre
10   en que metidos están!

(674)

HOMBRE EN LAS NUBES

SIEMPRE distante y errante,
fuera de sí, sin sentido
de lo inmediato, y perdido
en la búsqueda incesante
5   de lo que no está delante

de sus ojos, va, sin duelo
ni gloria, bajo ese cielo,
que dicen que no lo es,
y, en un maldito traspiés,
10   rueda por el santo suelo.

(675)

PAISAJE

Por la lontananza –herida
de muerte– se escurre, presa
difícil, la nube ilesa
del roquedal desasida.
5   El sol, remoto, en caída
solemne, de brillar cesa.
Y la luz, antes espesa
y cruentamente esparcida,
es, en suspensión, pavesa
10   gris de una tarde ya ardida.

(676)

DELENDA EST RHETORICA

...Y la torre bizantina
se hundió con bizarro estruendo.
Tuvo un caer estupendo
–de vertical que se inclina
5   desmoronada en rüina
súbita– su formidable
arquitectura (frïable,
mendaz), ya polvo liviano.
...Sí, fue un edificio humano,
10   sin cimientos, admirable.

(677)

LA LUNA Y LOS ÁRBOLES

Y TÚ los amas –los amas
fríamente. Tu algidez
lúcida cuelga a la vez
luz y hielo de sus ramas.
5   Con tu claridad sin llamas
ellos arden. Su verdor
de plata tiembla de amor
por ti, luna trasparente,
que les bajas, en relente
10   callado, tu resplandor.

(678)

LO INEFABLE

LO inefable, como ajena
voz, se escurre sin aliento
y arrastra, sordo, el lamento
sórdido de su cadena
5   con herrumbre, de alma en pena.
¡Ay, fantasma de eufonía,
doble de voz, sombra fría
de ritmo! La uña del plectro
no arranca sino un espectro
10   o réplica de agonía.

(679)

HALLARSE PERDIDO

ROTO en dos, si la mitad
de mí mismo, equidistante
de mis dos egos, y amante
de entrambos, dice verdad,
5   ¡qué sola mi soledad

sin fin de mortal partido
–y no llegado–, escindido,
entre el suelo que perdió
y la tierra que no halló
10   cuando se encontró perdido!

NUEVE SONETOS
Y
TRES ROMANCES

Con una carta rota, incoherente e impertinente
a Alfonso Reyes.

Publicado por la Editorial Atlante, México, 1952.

CARTA ROTA,
INCOHERENTE E IMPERTINENTE
A ALFONSO REYES

M I querido amigo: por ahí se dice que nos han escamoteado la posteridad, la fama póstuma. O la ilusión, que nos forjábamos los contumaces en el oficio sin beneficio de escribir versos, acerca de un ilusorio desquite. Ya los poetas –los orgullosos y vanidosos poetas– no podremos ni siquiera arrimarnos a ese «sol de los muertos», que no es el que más calienta, conocido también con el nombre de gloria. Todo sea por Dios. Pero ¿quiénes nos han escamoteado la posteridad? Unos hombres científicos, a los que hoy se llama, impropiamente, técnicos. Esos que han inventado y perfeccionado el cinematógrafo, la radiodifusión, la televisión y otros lamentables prodigios. (Lamentables por el mal uso que se hace de ellos.) Pues ahora resulta que la energía nuclear va a hacer todavía más corto el existir en este mundo, al que no llamaré pícaro –porque la picaresca y sus secuaces, pese a todas las bellaquerías que les son propias, tuvieron y tienen su estética y aun su ética *sui generis*–, ni cínico, porque a mí –y no soy ningún *poverello* seráfico– no me gusta molestar a los perros.[1] No obstante ser cosa archisabida, la verdad es que nosotros, los soberbios y humildes poetas de ahora –por habernos alejado de Dios y de su santa Iglesia–, no creíamos del todo en el fin del mundo,[2] y que nuestra vanidad, aun sabiéndose de coro el *Eclesiastés,* el *Apocalipsis* y otros textos sagrados, supuso que siempre

---

[1] De ahí mi inquina contra los sacristanes o rapavelas y los canicularios. Unos y otros, y no los pertigueros, son los que se encargan de echar a los dóciles canes, como si estos fueran mercaderes, de la casa de Dios. Ni los perros ni los mercaderes hacen falta en misa, pero solo a los últimos, que son los más voraces, y que viven de su parroquia, como asiduos feligreses, se los debe expulsar, por Cristo, que ya los echó oportunamente, del templo.

[2] Ni en Paul Claudel.

quedaría «sobre la faz de la tierra» algún «espíritu superior» que se deleitase, en épocas venturas y venturosas, con nuestros escritos. Pues, no. Los poseedores de la energía nuclear van a raer del mundo la otra energía: la simplemente humana. Y no nos va a quedar un lector ni para un remedio. Claro es que también los científicos estallarán, como triquitraques, fulminados por su propia ciencia. Pero esto último a nosotros no nos importa. Los técnicos, curándose en salud, han tenido siempre, y siguen teniendo, la buena costumbre de no leer libros de poesía. Ante todo, quisieron ser hombres útiles a la humanidad, y se han salido con la suya, porque van a acabar con el mundo, adelantándose al mismísimo Dios.

La verdad es que en aquel, y desde antes del Diluvio, hay algo que huele a podrido, como en la Dinamarca de nuestro amigo Hamlet. Y conste que no voy a hablar a usted del existencialismo, ni de sus supuestos precursores –Kierkegaard, el de la angustia, y Unamuno, el de la agonía a ultranza–. Heidegger era ateo y nazi, y me repugna el sartrismo, esto es, la versión francesa más común de la tan poco edificante doctrina. Por añadidura, eso de *ser-en-el-mundo* no nos atañe a los poetas, que vivimos en Babia, y que acabaremos, si Dios no lo remedia, por instalarnos durante toda la eternidad en el Limbo, donde esperaremos la visita de nuestro colega Dante, que ya estuvo en aquel lugar, según nos dice en el Canto IV, Círculo I, de su *Infierno*. Allí, rodeados de hombres ilustres –¡el pobre Virgilio!–, nos afligirá «un perpetuo desiderio, che non sarà mai speranza, della beatitudine celeste». Aunque sospecho que alguno de nosotros, por no haber vuelto del todo al seno de la Iglesia, preferiría estar en el Círculo II, juntamente con Cleopatra, «la luxurïosa», con Helena o Elena, la de allí fue Troya, y con Francesca da Rimini, que tuvo por marido a un Malatesta, y por amante a su cuñado, hermano de aquel, que no debía de tener tampoco muy firme el remate superior del hombre.

Pues bien, cuando todo en el mundo se va desintegrando, y nuestra náusea no acaba de vomitar del todo, la piedad de los técnicos nos dice, a modo de consolación: «El átomo también es desintegrable.» Y la gente empieza a hablar inmediatamente, a la diabla –como habló, en su época, de la teoría de la relatividad–, de que vivimos en plena «era atómica». Pero, si son exactos los informes que nos suministran los que saben de tan misericordiosas desintegraciones, la tal «era» no va a poder competir cronológicamente con ninguna de las conocidas. Y, además, ¿quién va a establecer su cómputo? Quizá los marcianos –porque hasta el planeta Marte no creo que llegue nuestra radioactividad–: esos, que, según se dice, cruzan las «etéreas salas» en platos voladores.

Después de todo, hay que seguir escribiendo, aunque en un día muy próximo, ya no nos lea nadie. ¡Qué lástima! Porque la verdad es que nuestro castellano imperial, por mucho que se corrompa, y conste que se corrompe a ojos vistas (perdón por el sabroso y muy autorizado idiotismo), es un lenguaje de hombres, y Dios lo escucha con más delectación y provecho que la música celestial de los ángeles.

Pero hay que insistir en que la peor de las desintegraciones no la inventaron Gide, Proust, Oscar Wilde, Radcliffe Hall, etc. Y que el pobre diablo de Sartre,[3] lejos del «buen Dios» –Le Diable et le Bon Dieu–, no ha tenido más que recoger las rebañaduras de todos los tiempos y ponerse a tono con la irremediable clarté française. Recuerdo haber leído, en un libro de Carlyle, unas palabras de Schiller acerca de cómo puede el artista defenderse de las corrupciones de su época. Sin embargo, el candoroso Schiller habla después del «Tiempo imperecedero». ¡Pero si no hay tiempo, y menos con mayúscula, y todo ha de perecer! No obstante, mientras nos llega nuestra «hora de todos», estemos en nuestro sitio. Nietzsche escribió en una de sus cartas: «La costumbre es una fuerza monstruosa. Se pierde mucho al perder la indignación moral sobre algo malo que cuotidianamente sucede en derredor nuestro.» Y Antonio Machado dijo, en tono menor, como tarareándola, una verdad de grandes dimensiones:

> ¡Qué difícil es
> cuando todo baja
> no bajar también!

Sea como fuere –y como hago decir al baturro de mi cuento, de un cuento mío, que se sujetaba con el zorongo los sesos para que no se le salieran de donde debían estar–, yo no me apeo de mí mismo. El asno es buena montura, y cabalgando en uno de estos pacienzudos animales entró en Jerusalén Nuestro Señor Jesucristo. «Anatema sea –el que no lo crea.»

*

[3] Entiéndaseme: no digo que Sartre sea un pobre diablo, sino que tiene dentro uno de esos seres infernales, que son siempre pobres, si se les compara con las infinitas riquezas de Dios.

Según parece, va a traducirse al inglés mi poesía desterrada: no todos los versos –¡uf!– que he escrito en la emigración, sino los que tienen como tema –¡horror de horrores!– la soledad del extrañado. Pero ando perplejo. ¿Usted recuerda el romance *La casada infiel,* de García Lorca, derramado, más que vertido, al idioma de Poe? A este propósito pienso en un suculento sainete[4] de los Álvarez Quintero que leí en italiano, no obstante *essere in buona fede* el *traditore* de los salerosos autores andaluces. Mi experiencia personal, por lo que a mi poesía traducida atañe, es escasa. Precisamente a la lengua de Soffici se han trasladado, y están muy bien, algunas composiciones de mi cuño; pero se trata de poemas escritos por mí sin rima y en número muy flexible. La habilísima Mathilde Pomés me envió, particularmente, creo que a principios del 1933, la versión inédita y autógrafa de algunas décimas mías. Esos trabajos hacen honor a su talento de traductora, y no es poco. Más tarde unos hispanistas muy doctos me confesaron –y confesaron a alguna persona de mi amistad– que mi español, sobre manera castellano, es sumamente difícil, y mi estilo, de una arduidad tremenda. Creo que tienen razón. De ahí que, indeciso, acuda a la autoridad de usted para preguntarle: ¿debo dejar que se traslade a un idioma extraño lo que me es más propio, aunque lo que me es más propio, mi poesía, no se deje? Para Dios todo es hacedero. Y también para algunos hombres. Usted ha traducido, entre otras composiciones muy dificultosas del autor de *L'après-midi d'un faune,* una que muchos creíamos intraducible. Me refiero al *Éventail de Mademoiselle Mallarmé.* Tengo ante los ojos sus tres versiones: la literal, la rítmica y la que se somete a «la severa ley de la estrofa». Esta recrea en eneasílabos con rima las sutiles intuiciones del lírico francés. Para mí es la mejor. Como soy y he sido siempre la antítesis del lisonjero, me gusta poder decir a usted que esa última versión incluso mejora el postrimer verso del «abanico». El original concluye así:

> *ce blanc vol fermé que tu poses*
> *contre le feu d'un bracelet!*

Y usted vierte, y no derrama:

> *¡blanco vuelo que al fin se posa*
> *junto al ascua de la pulsera!*

---

[4] Los sainetes son siempre suculentos o sustanciosos, porque sainete es el diminutivo de saín, que vale tanto como «grosura de un animal».

El resultado es evidente: como expresión de lo inefable –y siga la paradoja–, «contre le feu d'un bracelet» no puede competir con su «junto al ascua de la pulsera».

*

Hubo un hombre, o por lo menos un sofista, llamado Protágoras, que se adelantó como veinticinco siglos a los que hoy creen que «el hombre es la medida de todas las cosas». Aquel impío y aprovechado embaucador, que cobraba un ojo de la cara por sus lecciones, dijo, en griego, lo que yo entrecomillo en castellano. Y ahora los humanistas de esa índole son legión, como el demonio. Pero –usted lo sabe muy bien– la Academia de la Lengua Española no recoge en su léxico más que la acepción cabal del vocablo *humanista*. Humanista es, pues, sólo la persona instruida en letras humanas. Los otros adeptos del sedicente humanismo de Protágoras, y los que se oponen a él, en nombre de otros humanismos, no son humanistas, porque no hay más humanismo que el humanismo, y esto lo digo yo, que soy el Pero Grullo de esta cuestión por mi humanidad –o corpulencia–, y no por mis humanidades, de las que carezco. Y tal falta me pesa tanto como mi cultura europea y el haber ofendido a Dios.[5] El hombre, si tiene el tamaño mental de un san Agustín, llega hasta «La Ciudad de Dios»,[6] pero, por mucho que se eleve, o se ponga de puntillas, no alcanza a tocar con sus manos el misterio de la Trinidad.[7] Cuando posee mi estatura –o mi alzada, a elegir– puede decir que mide 1.82. Pero tal descuello, que a mí ya no me

[5] Para hablar de estas cosas me apoyo en la lectura de Maritain, Samuel Ramos, Gallegos Rocafull, Daniel-Rops, Leopoldo Eulogio Palacios, Heidegger, Sartre, Camus y especialmente en la obra de Luigi Stefanini: *Esistenzialismo ateo ed Esistenzialismo teistico*. Huelga decir que muchos de los citados son además humanistas por derecho propio, esto es, versados en letras humanas.

[6] Ignoro si en la citada ciudad tendremos cabida los poetas. O si se nos excluirá también, como de la República de Platón.

[7] Esto lo sé por nuestro común amigo, maestro mío y prologuista de mi primer libro, Ramón Pérez de Ayala, que conoció personalmente al obispo de Hipona:

> *Llega de pronto a la playa un prelado.*
> *Viste de pontifical. Es barbado.*
> *Tras de la mitra, celeste corona.*
> *La capa pluvial, carmesí.*
> *Lleva en la diestra el dorado cayado.*
> *Es Agostino, el obispo de Hipona.*
> *Yo en seguida le conocí.*

produce ninguna ufanía, se reduce a contar con unos centímetros más de miseria orgánica que la mayoría de mis semejantes, y con unos cuantos menos que los que me ganan en erguirse de pies a cabeza. El hombre, pues, no pasa de ser un agrimensor alabancioso. Quien lo mensura todo, con exactitud infalible, es Dios: ese mismo Dios que nos mide los lomos con su vara –vara, y no metro: considere usted mi ortodoxia–, porque no hacemos honor a su grandeza. Yo reconozco que a mí, además de medirme, me ha partido por la mitad, y le doy gracias, porque pudo haberme hecho añicos, ya que mis culpas son muchísimas, y las bombas que han caído a mi alrededor –en Madrid, Valencia, Barcelona, Figueras y Perelada– aventajaron en cantidad y en calidad a mis culpas. Enrique González Martínez, perenne en nuestra memoria, y amigo mío desde aquella «villa y corte» de 1924, me escribió, aquí, en su tierra, a propósito de mi extrañamiento y de uno de mis libros, una carta inolvidable –está fechada en 5 de enero de 1950, y no la reproduzco, entre otros motivos, por ser una misiva particular–, comprendiendo y compartiendo mi dolor, esto es, condoliéndose de mi situación de hombre escindido en dos mitades. Porque yo estoy con ustedes y con los míos, y a la vez en mi tierra. Esta doble felicidad me obsesiona y me induce a suponer que yo ya no soy un hombre entero. Porque la facultad de bilocarse,[8] de estar al mismo tiempo en dos sitios distintos, es de santos, y no solo a causa de que, cuando viven, mueren porque no mueren, sino también por otras muchas cosas que sería prolijo enumerar.

*

Con estas líneas anuncio a usted y al sector más escaso de mi exiguo núcleo de lectores –el que compra libros– un acontecimiento de fuste, pero no de vara o palo largo: la redacción de mis *Memorias*. Hoy borrajean las suyas escritores que tienen dieciocho años. Yo, que soporto ya tres veces esa dichosa edad, ¿por qué no he de hacerlo? Pero lo digo con el mayor recato. Ahora, cuando casi todo es publicidad, conviene no exhibirse. Además, ya casi nadie cree en los alegrones o aspavientos, por lo común trasnochados, de los amantes de la celebridad con trompetilla. Y, aunque el «día del

---

[8] No es pedantería. Consúltese el parecer de los teólogos.

juicio» no es seguro, pese a lo que dice Joel, que se efectúe en el Valle de Josafat, ni que unos trompetazos preludien la resurrección de la carne, pongamos sordina a nuestra vanidad de hombres. Pero, como pertenezco al clan de los hijos predilectos de Apolo –*genus irritabile vatum,* y la sentencia horaciana permanece indeleble–, familia que no se distingue por su misericordia, y cuyos retoños son capaces de desollar a todos los Marsyas que se atrevan a competir con ellos, al meterme en el callejón sin salida de la verdad me toparé de bruces con la iglesia profana de nuestro santo oficio. Por otra parte, como no estoy en la parcialidad de los tirios ni con la falange de los troyanos, unos y otros me pondrán verde, cosa que no me disgusta, porque el verde es aún el color de la esperanza,[9] y a esta la tenemos todavía en la vetusta caja de Pandora, y así lo reconoce incluso uno de los más desesperanzados existencialistas, Albert Camus, el autor de *L'homme révolté,* que dirige, desde su nihilismo entrañable, la colección *Espoir.* Para respirar a gusto, olvidémonos de la mentada tribu, y de la jamerdana[10] de nuestro Siglo de Oro: gente descomunal, soberbia, engreída, maldiciente, insufrible y propensa a las cámaras. Aunque viejo, no doy consejo, pero opto por comulgar con los mansos y humildes de corazón. Relea usted, si gusta de los textos de edificación y buena doctrina, *L'impossible humilité,* de Daniel-Rops, por ejemplo.[11]

*

Por último, y pensando en la mizca de posteridad que nos quede, debo decirle:

Esta carta rota,[12] incoherente e impertinente que le dirijo, está escrita, tal cual vez, en un tono y en un lenguaje que no corres-

---

[9] Ignoro si esto lo dice Goethe en su «Teoría de los colores».

[10] Jamerdana, vocablo feísimo, de los que hacían feliz a Unamuno, quiere decir, en romance: «paraje adonde se arroja la inmundicia de los vientres de las reses en el matadero». Nuestros grandes poetas de la gran época, y no era oro todo lo que relucía, se sacaron las tripas mutuamente, y se embadurnaron unos a otros, alabándose de tan generosa reciprocidad, con el contenido de las tales tripas, como reconoce implícitamente Quevedo, en una de sus sátiras contra Góngora, al escribir: «descubierto habéis la caca / con las cacas que cantáis».

[11] Puede leerse este agudísimo ensayo en *Marges de la Prière,* La Colombe, 1947; y en *Toi aussi, Nathanaël,* antología de los escritos de dicho autor, Plon, 1950.

[12] La íntegra, o sin romper, aparecerá, *Deo volente,* con otros ensayos o borradores, en un próximo volumen.

ponden a la gravedad de los asuntos de que trata, ni se compadecen con la índole de los poemas de hombre soledoso recogidos por la presente obrecilla, que no se me cayó como de entre las manos —soy más cuidadoso y menos humilde que nuestro augusto fray Luis—, sino que yo mismo llevé a la imprenta. Ese tono y ese lenguaje los adopté adrede, para no incurrir en jeremiadas. Pero no hay burlas, antes bien muy tristes veras, en mis aparentes salidas de tono y extravíos de lenguaje. Sin ser varón sesudo, no me río «de buen seso», porque tal cosa es imposible, aunque no se haya leído a nuestro Arcipreste Juan Ruiz, ni si recuerde la *solear* de *Maoliyo,* que dice:

> *La alegría...*
> *consiste en tener salú*
> *y la mollera vacía.*

Quien no tiene salud, aunque sí la mollera llena de vacío —Unamuno escribió algo análogo refiriéndose a algunos ruiseñores risueños—, ¿cómo ha de tener alegría, y reírse? Desgraciadamente mi poesía desvela. Yo consulté este caso con el doctor Jesús López Velarde, docto en su especialidad, y doctorado en versos, por su benemérita afición al oficio, y por ser hermano del autor de *Suave Patria.* Después de leer uno de mis libros, el doctor López Velarde no pudo pegar los ojos en toda la noche. Para resarcirle de tal percance, esto es, para devolverle el sueño que involuntariamente le había quitado, le presté las *opera omnia* de un poeta conterráneo mío, y el lúcido discípulo de Hipócrates —ruego que se me disculpe por el endecasílabo y por los tres esdrújulos—, sin necesidad de pasar de la segunda página del nutrido centón aparentemente propio, durmió de un tirón algo así como diecinueve horas. Lo piadoso es, por ende, escribir versos adormecedores, de esos que se confeccionan como los jarabes, y que, de puro edulcorados, hacen caer, incluso al lector no diabético, en un dulcísimo sopor, sin que este llegue al punto del *coma.* Y viva el retruécano.

Y aquí, de improviso, se rompe esta carta.

Suyo, como siempre,

J. J. D.

(680)

A DON FRANCISCO DE QUEVEDO

España, gloria de perpetuo ocaso.

J. J. D.

SAÑUDA la dicción y honda la pena,
bien nos edificaste al demolerte.
Tu voz, zapa en la sombra, nos advierte
que es oquedad la vida que nos llena.

5   Fue tu ver, infalible, la condena
que conllevaste, lóbrego. Por serte
fiel, por ser tú, hombre entero, y por tenerte
de pie en tu torre augusta, en tu alta almena

de soledades, tu lección resuena
10   en nuestras almas y su alud nos vierte
esa lumbre de ocaso que te llena.

Postrimería de mi patria, fuerte
senectud, ¡ay Quevedo de la pena
española, Quevedo de la muerte!...

289

(681)

ALLÍ, LIMPIO FULGOR...

ALLÍ, limpio fulgor, arde la estrella
más clara del ocaso. Inmensamente
sola —lejos de todo—, su vehemente
lumbre es, como tu voz, una querella.

5   La noche le es hostil: se burla de ella.
También tu soledad, incandescente,
alumbra a un mundo irremediablemente
bajo, y ya ciego, con su luz más bella.

    Toma para tu voz las inflexiones
10 de su agonía, que se va extinguiendo,
porque, señera entre constelaciones,

siglos y siglos ya lleva luciendo...
Cuando se apague al fin, en tus canciones
—viva y humana voz— seguirá ardiendo.

(682)

EL SETENADO

EXTRAÑADO, Señor, desentrañado,
me moriré de soledad y frío,
porque ya no me queda nada mío,
porque todo, Señor, me lo han quitado.

5   Te excediste en la pena. Setenado,
una réplica soy. Sin albedrío,
sin voluntad, y errante, en descarrío
siempre, sé que no voy a ningún lado.

    Mira. Allí está mi cuerpo, proyectado
10 en la pared: mi doble, mi baldío
doble, como mi muerte, enajenado.

    ¿Pero es mía esa sombra? No me fío
de mí. Y si yo me siento ya borrado,
¿quién podrá verme como fui, Dios mío?

(683)

HAY QUE MORIR...

HAY que morir. La noche de la vida
—la noche de la muerte—, interminable,
se llega poco a poco. Lo mudable
inmútase al pensar en la caída

5   o mutación del fin. Y, oscurecida,
el alma, ya rescoldo lamentable
en un cuerpo caduco y miserable,
¡pide una eternidad esclarecida!

Los agudos sentidos, hoy ya romos,
10   ¿qué captaron del mundo? Lo que vemos
es tan sólo vislumbre —y en asomos—

de la vida prestada que tenemos...
Si ardiendo como antorchas sombras somos,
sin lumbre ya en el alma, ¿qué seremos?

(684)

SEÑOR: HE SIDO EL HOMBRE...

SEÑOR: he sido el hombre que he podido
ser, y sin falsedad ni fingimiento.
¿Anduve bien? Por mi arrebatamiento
enajenado, he sido lo que he sido.

5   Desconozco si tuvo o no sentido
mi modo de sentir. Hoy ya no siento
aquel gozo de ser —el ardimiento
de la sangre, ni apenas su latido.

Mucho temo que yo, como traído
10   y llevado en sus rachas por el viento,
no haya podido ser lo que he querido

ser. Y es posible que en mi acabamiento
se extinga el hombre que no fui, el que ha sido
un intento de ser, sólo un intento...

(685)

UN SONETO A LA VIRGEN

Reïna de los cielos, madre del pan de trigo...

BERCEO

EN el pan que me nutre te bendigo,
porque eres tierra florecida y siento
cómo retoña el agro en el sustento
que tu harina me da, madre del trigo.

5   Aunque estás tan en alto, yo consigo
sentirte junto a mí, cuando me siento,
doliéndome la voz y el pensamiento,
a descansar del mundo, sin testigo.

Y si «Gloriosa» con amor te digo,
10 ¡cómo ondean las mieses en mi aliento,
inmaculada madre del Amigo

del hombre! Pero vivo mi momento
—Señora, este momento que es castigo
largo y atroz—, de eternidad hambriento.

(686)

VAS HACIENDO TU MUERTE...

Del monte sale quien el monte quema.

(Viejo proverbio español)

VAS haciendo tu muerte con tu vida;
la mides en tu voz, como un poema.
Pero es tu lucidez lo que te quema
y te va dando muerte oscurecida.

5   Abarcas lo posible: tu medida.
Y te consumes sin estratagema.
(Otros simulan su vivir, con flema,
escupiendo en redor lumbre fingida.)

Tú estás en ti y en todos: tu cabida
10 hínchese de un dolor que en ti se extrema.
¡Triste capacidad la de tu vida!

Te va brotando de la entraña el lema
radiante de tu vida consumida:
«Del monte sale quien el monte quema.»

(687)

DECIR, SÓLO DECIR...

DECIR, sólo decir, y solamente
a sovoz... Porque el canto suena tanto
que me repugna oírme, lo que es santo
para mí mismo, tan ruidosamente.

5 Si al decir lo que siento se me siente
el dolor sin un grito de quebranto,
y si, al llorar por dentro, oculto el llanto,
podré sentir que sufro enteramente.

Mi prójimo sabrá, mas no la gente,
10 la índole de mi angustia y de mi espanto
y el porqué de mi pena, justamente.

No, yo no quiero un coro. Y adelanto
mi voz, para no oírmela, potente
chantre, en los trenos, que retumban tanto...

(688)

LA DESESPERACIÓN...

LA desesperación es amarilla.
Desesperadamente solitaria
y jalde es esa tierra originaria
del siempre estar fuera de sí, Castilla.

5 A la vez tolvanera y pesadilla
de sed... ¡Ay, alma andante y sedentaria!
¿Quién te menoscabó? Tu luz plenaria
para vejarte y ofenderte brilla.

Hoy no cunde en el suelo la semilla
10 de tu cosecha heroica, legendaria
ya. Y sólo tu pasado te acaudilla.

...La desesperación es tributaria
de Castilla, mi adusta y amarilla
tierra fuera de sí, tan solitaria...

(689)

LA TARDE

LA tarde, lacia, se llena
de cansancio. Como sobras
del afán, unos intentos
tardíos se desmoronan
5 en los rincones. Ya lisas,
las desparramadas formas
huelgan. Todo, reclinado
o repantigado, apoya
su fatiga en un inmoble
10 silencio. La perezosa
luz se rezaga, y adviene,
como a remolque, la sombra.
El reloj tiene un tic-tac
moroso, de cuerda floja.
15 Sin atirantar, el tiempo
se escurre con remolona
lentitud, como quedándose
al irse en pisadas sordas.
Concluso el día, bosteza
20 el hombre, hacedor de cosas
fugaces. Y, como Dios,
descansa. (La luz, que es poca,
se va yendo y su ceniza
aterciopela las sombras.)
25 «Aquí me tienes, Señor.
Sólo tú me tienes. Poca
fuerza tengo ya. Me tuve
yo solo a mí mismo, en horas

arduas, durante mi duro
30   trajín cuotidiano. Ahora
me tienes tú. Ya no puedo
conmigo ni con mi sombra.
Tan sólo desistimientos
gozosos me corroboran.
35   Terminó, con mi jornada,
mi voluntad codiciosa.
Enajenado, a tu imagen
y semejanza, en las obras
que terminé, y que se mueven
40   por sí, mi quietud te toca...»

(690)

LAS RAÍCES

TIRAN de mí mis raíces
remotas desde la tierra
fiel que tuve, y que me tuvo
sobre sí. Sorda querencia
5   —querer de instinto— me empuja
(¡como si yo no quisiera!)
hacia un suelo, bien andado
por mis plantas, que me tenga.
Harto fui, en vilo, añoranza,
10   soledad. Quiero mi tierra:
su suelo firme, su costra
dura, su llanura seca.
Necesito andarla, darle,
paso a paso, mi tremenda
15   ansiedad de hombre suspenso
en el vacío, y mi pena.
Sentirla mía, gozarla
con los pies desnudos, verla
—¡tan ancha!— con su horizonte,
20   no límite, que se aleja...
Notar que me pertenece
y que soy suyo: tenerla.
Jamás atajé. Me gusta

gozar despacio la senda
25   de mis andanzas. No quise
ir por las trochas. Soy lenta
vida, y la larga llanura
no me acorta el huelgo. Tierra
que pisar quieren, añoran,
30   mis pies, no sombra suspensa.
Oh, sí: sentirme en el suelo,
sentir el suelo: su recta
solidez; notar que avanzan
mis pasos sobre la tierra.
35   Verme vertical, andante,
y advertir que, como pesa
mi cuerpo, sus pies zahondan
e imprimen su rastro o huella.
Sí, quiero instintivamente,
40   quiere mi animal querencia,
sentir la llanura –firme,
dura, áspera– de la tierra
que me tuvo y que yo tuve,
cuando Dios quiso, a conciencia.

(691)

MAL DE CASTILLA

SE me está muriendo toda
la vida que soy. Dejadme
dejar esta pesadumbre
que no me deja alcanzarme.
5   Feliz quien anda escotero.
A mí me estorba hasta el aire.
Camino, por pesaroso
y apesadumbrado, en balde,
porque las sendas que piso
10   no van a ninguna parte.
Me pesan los pies, los ojos,
la voz, el huelgo, la sangre.
Y me pesa el pensamiento,
y me pesa, en fin, pesarme

15   yo, que, por ir tan transido,
no me puedo dar alcance.
No es rezumador el barro
que me forma, enjuto y acre.
No lloro. Al crujir en seco
20   se resquebraja mi carne.
Hay quien ablanda, lloroso,
con la niebla de sus valles
lejanos la vida dura
y hostil de su barro andante.
25   Hay quien tiene –limpio orvallo
trémulo, llorones sauces
empapados de ternura
y de claro ayer– saudades...
Pero yo no tengo llanto
30   que me moje y que me salve.
Mi soledad de Castilla,
mal de ausencia inconllevable,
querencia árida, barbechos,
polvo, sed, llanura y hambre;
35   mi soledad de Castilla
no tiene con qué ablandarme
la sequedad de este barro
que cruje al resquebrajarse...

EL EXTRAÑADO

(1948-1957)

Publicado por Tezontle, México, 1958.

A Ernestina de Champourcin,
mi mujer.

Un enfant, en ouvrant les yeux, doit voir la patrie et jusqu'à sa mort ne doit plus voir qu'elle.

JUAN JACOBO ROUSSEAU

...si es que puede morir quien ya está muerto.

OVIDIO

(El autor de las *Metamorfosis,* proscrito por Augusto, concluye la cuarta elegía del libro primero de *Los Tristes* con estas palabras: *...si modo qui perit non perisse potest.* Y su duda sigue en pie. Porque, después de veinte siglos, no se sabe aún si puede ya morir ese muerto vertical y sin tierra que es el desterrado.)

PRÓLOGO

HE de repetir, sin ambages, algo de lo que dije ya —explícitamente, pero también entre líneas— en 1952:[1] a los líricos de hoy, que somos voces sin presente y sin inmediato porvenir, se nos escamotea, para colmo de infortunios, la posteridad, que no es solamente fama póstuma. Como escribí, nuestra arrecida vida ulterior no podrá arrimarse, para que se entibie su tiritaina, al «sol de los muertos», que, sin ser el que más calienta, todavía alumbra. Porque —rota en añicos la tradición— no es posible que haya sol de los muertos. En esta era nuclear, el átomo, desintegrándose, es de suponer que desmenuce, en imperceptibles trizas, lo que es aún humanidad rotunda. Pero, sea como fuere, las tres grandes armas desintegradoras de acción lenta —la televisión, la radiodifusión y el cinematógrafo—, que estupidizan gradual y sistemáticamente a los mortales, son todavía más atroces, en última instancia, que la energía atómica, científicamente dispuesta para el exterminio del mundo. Porque hay algo peor que una tierra sin hombres: una tierra con hombres de mente enana y caduca, incapaces de ser por sí mismos, y retrepados, por gusto y por pereza, horas y horas, en un cómodo sillón, para contemplar, frente a una pantalla con ruido e imágenes, la faz múltiple y *standard* —como se dice en la actual jerigonza— de su estupidez progresiva. Objetivamente, sin pesimismo ni optimismo, imagínese lo que han de ser unas generaciones que así se *educan*. Ya hoy nos estomaga la inconsecuencia de los estúpidos en cierne. ¿Cómo serán estos en *su día*? Y no se me hable de la Universidad, universalmente muda para los que se niegan a oír su voz... docta[2] y prefieren la ense-

---

[1] *Nueve sonetos y tres romances —con una carta rota, incoherente e impertinente a Alfonso Reyes.* Editorial Atlante. México, 1952.
[2] Todavía, en ocasiones, pero no siempre, docta.

303

ñanza, asimismo ecuménica, de lo trivial y *ameno,* nunca didáctico
y siempre apocador. El libro –el libro de veras–, que es ya, para
muchos, un rodeo, se les antojará insufrible tabarra. En su afán de
llenarse de vacío, el facilitón aprendiz de hombre futuro pacta con
el expedito medio –antimetódico– de saber las cosas mediana-
mente y a medias, y se arregosta a las síntesis visuales y a los
resúmenes hablados que le suministran unos ímprobos explota-
dores de las circunstancias. Procura que le den, a medio digerir,
un insustancial alimento que le quita el hambre –su hambre de
desperdicios– y no le nutre. Por esta cuesta, el hombre baja a ser
un homúnculo y, en tal achicadura, el alma se le encoge y es una
anímula sin soplo. No hay por qué insistir en lo evidente.

La «inmensa minoría» es cada vez más escasa. Los más
eluden, por precaución o por fastidio, la inefabilidad, nunca redi-
tuable, y ya «trasnochada y fútil», de la poesía. ¿Para quién
escribe el poeta? Es posible que Dios –si las voces de aquel son
de verdad– le oiga. Y le conteste. He ahí la única vida del poeta:
el diálogo con Dios.

Publico esta sobria «colección para nadie», en las postrimerías
de mi existir humano, y tal vez muy próximo ya a la vida de
veras, con la esperanza de que Dios me escuche –por sí y con los
oídos de sus criaturas más próximas. Es lo único que deseo. He
vivido intensamente estas oraciones, escritas, sin embargo, a
vuela pluma, como es mi costumbre. Desde muy joven estoy buscándome –y hallándome tal cual vez– en lo que escribo. El soneto
es mi expresión más efectiva y dilecta. El modernismo –que pro-
dujo una trivial sarta de sonetos en serie– pasó por el mío sin
afectarle. Para corroborar su esencia, volví siempre, sin intención imitativa, a nuestros siglos de oro, y en especial a Quevedo
y Lope. (El «divino» Herrera no me pareció nunca ni humano. Y,
pese a mi maestro de preceptiva literaria, incondicional de don
Juan de Arguijo –«del sacro Apolo y de las musas hijo»–, los
Argensolas y Jáuregui, preferí de por vida la pasmosa claridad
del anónimo «No me mueve, mi Dios, para quererte» y la
radiante perfección humana de los ejemplos que nos legó Fran-
cisco de la Torre.)

En nuestra lírica de hoy cunde –y no cunde– el soneto. Juan
Ramón escribe no pocos verdaderamente espirituales. A Antonio
Machado se le antoja –me lo dice así en una carta– un «molde
barroco». Ninguno de los que escribió logra categoría de dechado.

Rafael Alberti y Dámaso Alonso[3] alcanzan plausibles tentativas e inolvidables logros, pero estos no superan lo mejor de su obra. Gerardo Diego nos da, en «El ciprés de Silos», un esbelto y lineal paradigma. Y es justo decir que, entre los españoles relativamente mozos de hoy, algunos descuellan, como el aventajado Rafael Morales, en la consagración del soneto.

Por más que se repita que este es un molde rígido –siendo, como es, notoria su ondulante fluctuación–, mi fe en la validez suficiente de los «catorce versos» es absoluta. No falta ni sobra un ápice en su flexible medida, porque no tolera la escasez, ni el exceso, ni se compadece con el ripio. Los que suponen que es una composición ardua, ignoran que el soneto se ve o no se ve, y que el escribirlo no es nunca difícil. La intuición cabal es el origen del soneto perdurable; la parcial o bizca, produce el soneto ojizaíno, descabalado y al garete. Dios nos libre de mirar a las musas con ojos de bitoque.

Por otro lado, hoy nadie cree en la virtud de los virtuosos a secas, enjutos profesores de árida eufonía, que se reducen a tararear y no a articular propósitos. Lo que se dice virtuosismo, regodeándose morosamente en la materia de las palabras, *ejecuta,* pero no puede crear, algo que no le dicta el verbo. La destreza es rectitud, y no hábil maniobra. El creador elude el prolijo enrevesamiento de la *maña,* no tan expedita ni connatural como se supone. Porque lo

---

[3] Los sonetos de *Hombre y Dios* me producen extrañeza y perplejidad. Porque no se me alcanza qué es lo que se propone la por lo común infalible pericia del grave y esdrújulo Dámaso al exhibir la deshecha factura, la dislocadura adrede, de sus últimos sonetos. ¿Es que le aburren la eufonía y la rotundidad tradicionales de esa forma tradicional y le divierte descoyuntarla? Dámaso Alonso dice de manera insuperable los versos. No los recita, no los declama: los dice magistralmente. Es un virtuoso de la dicción. Pero he aquí que en sus últimos o penúltimos sonetos hay líneas, endecasilábicas –«¡*Qué has hecho tú? ¡Dámaso, bruto, bruto!*»– y no endecasilábicas –«*de su albedrío. Me forjo (y forjo) obrando*»–, que ignoro cómo se han de leer. ¿Haciendo paroxítona la voz *Dámaso,* que es proparoxítona? Pero semejante pronunciación *llana* no se compadece con la energía del apóstrofe. Y en el dodecasílabo citado, ¿hay que leer, con violentísima sinéresis la palabra *albedrío* escamoteándole la acentuación normal y convirtiendo esa voz tetrasílaba en un trisílabo y arbitrario *albedrio*? Confío en que el lúcido esclarecedor del poeta de las *Soledades* nos explique por qué ha adoptado tan bruscamente esta abrupta prosodia. Y adónde van sus acústicos escarceos, con *embriago, embriaguez, embriagada y embriagarme,* que nos desconciertan al acatar y desacatar el diptongo contra el diapasón del oído, y también las travesuras de su nueva sintaxis. Pero lo esencial es que, a pesar de todo, subsisten poesía y ritmo en tales sonetos. Y que *Hombre y Dios* nos asombra con los serenos –y estremecedores– versículos de «*A un río le llamaban Carlos*», quizá –y quizá sin quizá– el mejor poema de Dámaso Alonso.

poético no tiene nada que ver con el subterfugio de dar gato por liebre.[4] La *maña* es uno de los prestigios o engañifas del prestidigitador zurdo, y también de los embaucadores ambidextros, que urden, indistintamente, con una u otra mano, lo que sólo se puede hacer con la derecha. Ni la simple o complicada laboriosidad, ni el truco sorprendente hacen poesía. Únicamente el hombre de verdad la escribe.

Ahora –y ya me he lamentado de tal absurdo– se exige a los líricos, ¡pobres líricos!, una «literatura comprometida», como si no fuese, y así lo dije también, bastante comprometedor el escribir versos. Y se ensaya una reminiscente «poesía social», que se malogra a ojos vistas. (Estos propósitos me devuelven una fase de mi juventud: aquella en que un tremendo e intermitente profesor de latinidad, y a la vez helenista consuetudinario, me aseguraba que no era posible obtener el alcance que postula la voz de un verdadero poeta sin saberse de memoria –¡y en qué versiones!– a Píndaro.) La poesía social de hoy, aun sin el insufrible y retumbante énfasis propio de Quintana, aburre con un no sé qué... *quintanudo,* de arenga castrense –«¡desenterrad la lira de Tirteo!»–, cuando no se empecina, y esto es peor, en el verbo programático y *civil* de Núñez de Arce. El poeta es, desde luego, un hombre con ciudadanía. Pero los ciudadanos políticamente eficaces escriben en prosa. Y todos los hombres, incluso los menos empíricos, saben que a un dictador se le lapida con piedras de verdad y no con *cantos* poéticos. El que sólo amaga nunca asesta el golpe con que amenazó. La política es lo que puede hacer el ciudadano, como tal ciudadano, por la *res publica,* y no lo que se le deja decir o cantar, sin escucharle, para que se desahogue. Hay algo pueril en el arrojo a medio arrojar de esos presuntos honderos civiles de nuestra poesía social, y es que se obstinan en hacernos creer que sus cantos –por atroces que sean– pueden dar al traste con un déspota poderoso. El verso no es un arma arrojadiza. Y los que intentan jugar políticamente con el «poder lírico», frustran, en unos cómicos remedos de efectividad polémica, que no son sino alardes de facundia ramplona, sus poco sensatas improvisaciones. Léase, a este propósito, la poesía política en que incurren poetas tan sutiles como Alberti y Aragon. De las *Consignas* del primero ni él mismo quiere acordarse. Pero Aragon nos abruma con su contumacia en *Le Nouveau Crève-Coeur,* obra

---

[4] Aquí miró y vio de soslayo Ortega y Gasset.

que a mí me entristece, por más que se burlen de ella incluso los celulosos o celulares camaradas del autor. Y es atrozmente aflictivo el caso del singular Maiakovski, de torturante memoria. Maiakovski se estrella en el muro irrompible de la fatalidad de su patria. Tras escribir, como el diablo le dio a entender, una absurda parénesis en pro del *estajanovismo* poético (que no copio porque no es poesía en ningún idioma, como consigna dictada, contra el dictado de conciencia de quien la tuvo que transcribir, por Dios sabe quién), Maiakovski intentó evadirse de su enajenamiento y servidumbre, metiéndose en el callejón sin salida, o fuga sin escape, del suicidio. Espero que su lucidez última le haya llevado –Cristo está siempre cerca de las almas grandes– a la verdad de Dios.

No. Nada de *eso,* que no es *eso* ni lo *otro.* Un poeta lírico es –Pero Grullo al canto– un poeta lírico. Nada más. Y nada menos. Y lo esencial, que es *ser,* y no *parecer,* jamás acude a la argucia seudoheroica de rebajarse al desnivelado nivel del demos para hacer como que le redime de su miseria con lugares comunes y sermoncicos civiles, análogos a los que elaboran y pronuncian los «señores sociólogos». El que sueñe con manumitir al asalariado, que lo haga de veras, con edificantes obras de obrero redentor, y no con ripiosas y redundantes odas cívicas, que, por enanas que sean, no pueden alcanzar los de abajo, ni es lo que pide a gritos su hambre perentoria. (Esto no es motejar de tartufos a los «poetas sociales». Pero sí decirles que se equivocan de medio a medio y que la poesía no tiene nada que ver con la redención del proletariado ni con las afrentosas dictaduras que se oponen a la libertad de los mansos a la fuerza.)

Y nada más. Con estas páginas me arraigo nuevamente en mi condición de lírico a prueba. Y la prueba más atroz a que puede ser sometido un hombre entrañable es el extrañamiento. Si ese hombre entrañable es, además de hombre, un poeta radical, hondamente enraizado en la vida soterraña de su suelo nativo, esto es, un *algo* no trasplantable, porque no tolera la erradicación, ¿qué ha de hacer, aparentemente hincado en un vivero forzoso, sino añorar ese suelo, que no almáciga, donde le sembraron de manera tan absoluta? Desde comienzos de 1939 hasta ahora, no he tenido, como ánima apenas vegetante, que se nutre solo de rememoraciones, otra compañía que mi soledad de España.

Méjico, enero de 1958.

DOS SONETOS A MI MADRE

En el menguante –ea
la ea–, ajo de plata,
tienes tú, mi niño,
la cuna más alta.

(Nana motrileña de principios
del siglo XIXº)

(El año de 1932 –¡lúcido Madrid de 1932!– charlé, una tarde –en diálogo escandido y mecido por el sugerente tic-tac de un ácrono y anacrónico reloj de péndola–, con Paul Valéry, el último gran lírico francés de esta centuria. Yo le dije, *sobre poco más o menos,* y subrayo esta frase porque es una de las que le sacaban de quicio:

–Como usted sabe, el poeta sólo es de cuando en cuando un saltimbanqui o acróbata intersideral, un hombre en la luna.

–En efecto...

–Porque, aunque parece que está en las nubes, es, de todos los pobladores de la tierra, el único que piensa y siente a compás, y, de este modo, sobre medir con el compás de sus piernas lo que va pisando...

–...saborea –me interrumpió el infalible arquitecto de *Eupalinos*– la dicha de alentar rítmicamente.

Transcribo aquí el remoto diálogo que sostuve con M. Teste, no solamente porque es el origen de estos dos sonetos, sino también porque hay que poner las cosas en el lugar que les corresponde. Desde tal fecha, hay no pocos líricos que, según nos dicen, respiran rítmicamente.

Que yo sepa, Paul Valéry no hizo uso en ninguna de sus obras de la definición que supo improvisar, al alimón con su joven y ocasional conversante. Este, por su lado, sólo comunicó el coloquio a dos personas, una de ellas don Miguel de Unamuno. Y casi huelga

309

decir que Unamuno –disconforme fatal, inevitable disidente y resollador de huelgo arrítmico–, para exaltar la abrupta y díscola condición de su *oreja,* arremetió contra Paul Valéry. Reproduzco de memoria sus palabras: «No. No. Valéry, tan cerebral, según dicen, es hombre de pauta y se obstina en un arte complicadamente acústico. Pero no es eso. No. No. El poeta –que es, como hombre, un animal sentimental o afectivo– resopla como puede. Sí. Sí. Ese *poeta puro* –yo cada vez soy menos puro, esto es, más poeta, estoy cada vez más lleno de vida, o, lo que es lo mismo, de broza– confunde la inspiración con la respiración. Y conste que no juego del vocablo. Alentar, alienta todo el que tiene soplo de vida en las narices. Pero lo importante en el vatídico es la retina pineal, el ojo de cíclope, y no la oreja –Unamuno acostumbraba decir oreja, y no oído–, que no pasa de ser un doble apéndice supernumerario. Supernumerario en el vidente y oidor de su propio mundo. Para armonía, la de las esferas. Lo demás es música.»)

(692) 1

Mira, madre remota, ya la luna
—mi cuna cuando niño— se derrama
sobre mi insomnio, y yo, desde mi cama,
respiro sueños con vaivén de cuna.

5   Me brizaste de veras, veraz —una
y trina—: a un tiempo luna, nido y rama.
Y la voz que me hiciste, y que te llama
siempre, sólo tu nombre me la acuna.

Sí, con el ritmo que la meces, clama
10   en su vigilia a solas, sin ninguna
pasión a ras de tierra, por la rama

de luz que era el menguante, por la cuna
de tu regazo... Y dice lo que exclama,
respirándote en mí, mi hombre en la luna.

(693) 2

Ese vaivén, que me brizó la vida
en un ir y venir de sueños, era
el casi despertar de mi soñera
y el casi ser de un alma bien mecida.

5   Bien acunaste mi recién nacida
voluntad de mecerme, dentro y fuera
de todo, sobre todo, con mi entera
ambición en dos mundos repartida.

Soñoliento regazo, voz querida:
10   hoy voy a despertar de otra manera.
Y –otra vez, madre, por mi ser henchida–,

preñada de mi vida verdadera,
me darás, esta vez, recién nacida,
una vida que nunca se me muera.

EN EL CAMINO

(694)

TE BUSCO DESDE SIEMPRE...

TE busco desde siempre. No te he visto
nunca. ¿Voy tras tus huellas? Las rastreo
con ansia, con angustia, y no las veo.
Sé que no sé buscarte, y no desisto.

5   ¿Qué me induce a seguirte? ¿Por qué insisto
en descubrir tu rastro? Mi deseo
no sé si es fe. No sé. No sé si creo
en algo, ¿en qué? No sé. No sé si existo.

Pero, señor de mis andanzas, Cristo
10   de mis tinieblas, oye mi jadeo.
No sufro ya la vida, ni resisto

la noche. Y si amanece, y yo no veo
el alba, no podré decirte: «He visto
tu luz, tus pasos en la tierra, y creo.»

(695)

YO SÉ QUE TU SILENCIO...

Yo sé que tu silencio tiene clara
voz, indistinta voz, para un oído
que percibe tu verbo y su sentido.
¡Quién, tácito señor, quién te escuchara

5   por siempre! Tú nos dices, cara a cara,
la verdad. Tú despiertas al dormido,
que vive muerte. Todo lo vivido,
si aun no viviese, en ti resucitara.

Tú no permites que la sombra, avara
10   voluntad de lo oculto, y el olvido
nos enturbien la vida, siempre clara.

Yo, que he escuchado tu callar, he sido
tu voz. Tú me mandaste que cantara
la gloria ilesa de tu amor herido...

(696)

TE DEVUELVO MI VOZ...

Te devuelvo mi voz. Tú me la diste.
Hablé de ti y de mí. Voy a callarme
para siempre. Es mi noche. Fui un adarme
de fuego. Fui una lumbre que encendiste.

5   Y voy a ser silencio. Me escogiste
para hablar y callar. Y, sin negarme,
callo para ser tierra y escucharme
la voz que tuve y donde tú viviste.

Decir adiós –que es ir a Dios– ¿es triste?
10   Nada de mi existir va a abandonarme.
Nada abandono yo. (Cuando te fuiste

nos quedó lo más tuyo.) Sé mirarme
en el ser –ya apagado– que me diste
ardiendo, y del que quiero no olvidarme.

(697)

VELA, VELA POR TI...

VELA, vela por ti. No te despierte
la muerte. Yo no sé si estás viviendo.
Vivir por lo cabal es ir muriendo
a conciencia, sentirse vida y muerte.

5   Todo transcurre, y sólo quien advierte
que cuando va llegando se está yendo,
sabe vivir de veras, y, sintiendo
lo que es la vida, ve lo que es la muerte.

Dicen «amargo trance», dicen «fuerte
10 prueba» los que no ven lo que estoy viendo,
e imaginan que Dios es una suerte,

un albur. Yo ya sé lo que estoy siendo
desde el instante en que nací: mi muerte.
Y lo que soy –mi muerte– voy viviendo.

(698)

ESTÁS SOLO, SIN DIOS...

ESTÁS solo, sin Dios. ¿Has entrevisto
lo que es un hombre solo? ¿Cabe tanta
soledad en un hombre? ¿No te espanta
sentir la vida a solas? Yo –que existo

5   a medias, porque Dios, visto y no visto,
no siempre está en mis ojos, y, en su santa
noche, la sombra que yo soy no canta–
ya la vida de veras he previsto.

Tras tanta muerte engañadora, asisto
10 en el amanecer, que se levanta
antes que el sol, a mi existir, y existo,

porque Dios, que se enciende, pone tanta
verdad en mí, que resucita Cristo
como un raudal de luz en mi garganta.

(699)

HABLAS DE SOLEDAD...

HABLAS de soledad, de soledades.
Y nos dices que estás inmensamente
solo. Un mundo sin almas, solamente
soledad, no desmiente tus verdades.

5   Nos dices que estás solo. Nos persuades
de que estás solo, solo, sordamente
solo. ¿Y el mundo? «Lo demás... es gente
–dices– llena de ruido y oquedades.»

El hombre ya perdió sus potestades
10   de ser hombre. Y es sólo una indigente
sombra sin Dios, que pide eternidades,

a gritos, con voz rota y estridente.
(Cállate, vanidad de vanidades,
y escucha a Dios, silencio que te siente.)

(700)

LA VIDA, VIEJA YA...

LA vida, vieja ya... Por repetidas
las cosas son remedos. Se enmudece.
Nada desconocido nos ofrece
la luz con sus sorpresas consabidas.

5   Todas las frases –ay– están oídas
y dicho, ha tiempo, y bien, lo que merece
decirse. (Calla a fondo cuando empiece
lo que es eco a taparte las salidas.)

Señor, ¿por qué derramas tantas vidas
10   iguales? Tu alto mundo desmerece.
Simple reiteración de conocidas

formas y muecas, todo se parece
a todo, y, ya sin sendas escondidas
que recorrer, tu luz desaparece.

(701)

ESTAR –LO SABES Y LO SÉ...

*No penséis que he venido a poner paz
en la tierra; no vine a poner paz, sino
espada.*

(MATEO, X, 34)

ESTAR –lo sabes y lo sé– tranquilo
del todo es poder verse en un espejo
claro. Y no, no me dejan –ni me dejo–
ser vida sosegada. Voy, al hilo

5   de la serenidad, siempre intranquilo,
en busca de mi paz, por un complejo
mundo de sobresaltos, y no cejo
en mi vivir o transcurrir en vilo.

Reflejo de tu espada soy. Mi estilo
10 lo blando con destreza, aunque soy viejo,
y tiene punta, filo y contrafilo.

Señor, si así me hiciste, no me quejo.
Más déjame que vea tu tranquilo
mirar cuando me mire en el espejo.

(702)

Y DECIMOS «MAÑANA»...

*¡Y cuántas, hermosura soberana,
«mañana le abriremos» respondía,
para lo mismo responder mañana!*

LOPE

Y DECIMOS «mañana», con desgana,
que es resabio y desidia, y no engañamos;
nos engañamos. Nunca mañanamos,
pero nos gusta repetir «mañana».

5   Demos –digamos– la verdad. No mana
diferida la vida. Lo que damos,
lo que tenemos y por donde vamos
es «hoy». No cerréis nunca la ventana.

...La puerta bien abierta –abierta gana
10 de no ser puerta–, a la intemperie estamos
los que dijimos, por decir, «mañana».

Entra, llégate ya, que te esperamos
con lo que nos pediste, y, con humana
dejadez, tantas veces te negamos.

(703)

ESTA ESPALDA DE DIOS...

(La noche)

ESTA espalda de Dios gravita, inmensa,
sobre el mortal insomne –más hundido
que el anegado en sueños o dormido–,
hecho clamor y angustia sin defensa.

5 Sufre el yacente en su quietud la ofensa
oscura y queda de desdén transido
y se aplasta, y asorda su gemido,
en la vigilia a torno que le prensa.

Densa es la sombra de la angustia, densa
10 la soledad sin Dios. Oscurecido,
el pensamiento olvida lo que piensa.

No brillará, recién amanecido,
el día, para el solo, por la extensa
noche del alma y del error perdido.

(704)

LOS LABIOS TIEMBLAN...

LOS labios tiemblan, se desunen... Quieren
cantar. ¡Oh maravilla! Desplegados,
emiten, casi luz, versos alados
hacia Dios. (Que los hombres no se enteren.)

5 Rezan. Ya los sentidos se transfieren
a la oración, y van tan despegados
de su soporte que, al surcar, rezados,
los aires, viven cosas que no mueren.

Ajeno a todo voy, que me requieren
10 las cimas de unos montes nunca hollados.
Estoy, sobre la luz, con los que quieren

ver del todo y cegar arrebatados.
Como no soy ya un hombre, que no esperen
mi vuelta los que cuidan sus cuidados.

(705)

LA VIDA –QUE SE NOS VA–...

LA vida –que se nos va–
y la muerte –que nos llega–
van a encontrarse. (El que juega,
gana o pierde.) Dios dirá.

5   Lo que yo soy aquí está.
Tengo expedita la entrega.
A la muerte ¿quién se niega?
La vida ¿quién no la da?

Súbitamente mi ciega
10 condición, humana ya,
ve: ve el filo que la siega.

¡Dios sabe si llegará
a ser cielo claro! (Ruega
por quien de camino va.)

(706)

ÁRBOLES, PRADOS...

ÁRBOLES, prados, yerbas con rocío...
Entre neblina, va la madrugada,
en busca de su luz, por la cañada.
Dios amanece para mí y lo mío.

5   Apenas fluye el soñoliento río
con su corriente no desperezada.
Y, hojas y brotes, suena la alborada
con pájaros de tierno y verde pío.

...Allí estarán, allí estarán, Dios mío,
10 estas cosas que evoco (ya sin nada
de lo que a mí me tuvo y fue tan mío).

Sí, allí están, como siempre, la cañada,
los prados, y los árboles, y el río...
Y mi voz, a lo lejos, empañada.

(707)

CASTILLA, SOL A SOLAS...

CASTILLA, sol a solas. Tierra andante
y cielo inmóvil. Dicen que es demencia
esta cordura sorda –la paciencia
sofocada y al paso– del viandante.

5 Ni un árbol. Va sin sombra el hombre errante.
Y anda penosamente. Su insistencia
en seguir avanzando es diligencia
inútil. –No camines, caminante,

porque el polvo que pisas va adelante,
10 hacia la lejanía. Ten conciencia
de que tienes al lado lo distante

(lo alcanzas con los ojos), y la urgencia
no existe en este llano alucinante
lleno de soledad y transparencia–.

(708)

ÁSPERA, FOSCA...

ÁSPERA, fosca, la llanura.
Viandante, la tierra te lija
los pies. Ni una sombra cobija
el celo de tu calentura.

5 Parsimonioso, sin premura,
avanzas, y la sed te aguija.
De estas tierras andantes hija,
no te sofoca tu andadura.

Hay una nube –una vedija
10   aciaga– que tormenta augura.
...Se te empapará la cobija.

Pero, al mojarse la llanura,
no te raspará con su lija,
rechinante, de tierra dura.

(709)

NO TE RESUCITÓ...

(A Lázaro)

No te resucitó: te despertó
de repente a tu sueño de la vida.
Y tu traspiés horizontal, en ida
rota, sobre tus pasos te volvió.

5   Te quedaste en tu sueño; te quedó
muerte desenterrada y removida.
Y el pasmo te quedó de la intuida
vida sin noche que se te perdió.

Saliste del sepulcro, y se te entró
10   otra vez, a soñar, en tu caída
vida, la muerte que se equivocó.

Mas ¡cómo fulguraba en ti, en tu ardida
sombra, la lumbre que te deslumbró!
Dos veces sabes ya lo que es la Vida.

(710)

EL VERBO ES LUZ DIVINA...

EL verbo es luz divina, y el vocablo
sólo materia. Oíd: lo que no digo
es lo que está en mi aliento y tan conmigo
que no se me derrama en lo que hablo.

5   Para evitar que me propale, entablo
un duelo sin cuartel con mi enemigo
o doble, el fablistán, y le castigo
con mis mutis, a punta de venablo.

¿Te engríes, elocuente? En un establo
10   nació el verbo, a quien pongo por testigo
de mi callar mientras perore el diablo.

Sobre un altar sin luces, al abrigo
de las tinieblas, dejo, en mi retablo
de silencio, las cosas que no digo.

(711)

ESCRIBÍA «PENSIL» Y «ABRIL»...

*(Canción monótona –soneto monorrimo, de
consonante pobre– acerca de un milagro
candoroso)*

ESCRIBÍA «pensil» y «abril»... Tenía
un verbo tan florido, que tañía
rosas y lirios cuando nos decía
los versos trascendentes que solía.

5   Era la más fragante letanía
que puedo oler el mundo. Repetía
inmensamente el nombre de María.
«María, flor de Dios, rosa del día

y lirio de la noche, madre mía.»
10   Murió en olor de santidad. Había
un rosal en su celda. La agonía

le deshojó como una flor. Hacía
meses –años tal vez– que no comía.
Del olor del rosal se mantenía.

(712)

¡AQUEL SOSIEGO!...

¡AQUEL sosiego! ¡Todo sin premura
y libre en sus quietudes del cuidado
y del afán; el cuerpo bien hallado
y el alma, ya radiante de ventura,

5   suspensa en sí y meciéndose en la altura
de un momento de gloria bien logrado!
Así viví ese instante, ya pasado,
que me prendió en la luz de su hermosura.

¡Aquel sosiego! Un punto que fulgura
10 en mi existir brumoso y abrumado.
Lo demás es delirio, calentura,

dolor, fatiga, amor, horror, forzado
contender, y este huelgo, sin holgura,
con que respiro el aire que he espirado.

(713)

AY DOLOR DE LA CARNE...

(A Prometeo)

AY dolor de la carne, encarnizado
dolor. Rabia que ruge, y que sofoca,
en el cielo sin dioses de tu boca,
un grito incandescente y enconado.

5   Robaste el fuego —roja flor— sagrado.
Y hoy es de lumbre todo cuanto toca
tu mano, y en tu entraña se desboca
un hipogrifo indómito, incendiado.

Y tú estás a una peña encadenado:
10 en la impasible escarpa de una roca
tendido, y por un buitre devorado,

mientras los inmortales, que convoca
Zeus, degustan su ambrosía —airado
titán— en las blasfemias de tu boca.

(714)

¿HAY ALGUIEN, ALGO?...

¿Hay alguien, algo? Polvo y transparencia
en la alcoba. Y están como abolidos
los objetos; que, al cabo, los sentidos
advierten y no advierten la apariencia.

5   Enfríase, se borra la presencia
de todo. Ya no escuchan los oídos,
ni ven los ojos, y, como eludidos,
son los demás sentidos pura ausencia.

¿Quién huye? Unas sandalias sigilosas
10   se deslizan sin nadie entre las cosas
de este rincón de miedo y de quebranto.

Sutil, fúnebre olor: huele al vacío
de la muerte, que entibia, con su frío
lento, la calentura y el espanto.

(715)

SI TE DUELE TU ENTRAÑA...

Si te duele tu entraña de entrañable
extrañado, y te vives a conciencia
solamente en tu ayer, que es tu querencia,
sin aceptar un mundo inaceptable...

5   Si todo cambia menos tú, inmutable
añorador, e impone su vigencia
fatal este existir sin existencia
que soporta una vida insoportable...

Si enajenaron ya lo inajenable,
10   y no te pertenece pertenencia
ninguna de tu suelo —miserable

de ti—..., ¿qué es lo que busca tu insistencia
en tu vida fallida, en la inefable
patria sin patrimonio de tu herencia?

(A Miguel de Unamuno)

(716) 1

DIOS te perdone. ¡Cómo le envidiaste
que existiera por sí, que no tuviera
vida perecedera y que estuviera
dentro y fuera del mundo en que tú entraste!

5   Y ¡cómo, por subirte, le bajaste,
le rebajaste a ti, para que fuera
posible que su luz se pareciera
a la luz que en tus dudas adumbraste!

Miguel *–¿quién como Dios?–*, jamás llegaste
10 a ver, por invidente, la manera
de ser hombre ese Dios que tú achicaste.

Y él sigue siempre, viva sementera,
y tú pasaste, porque no sembraste
más que sed en tu enjuta paramera.

(717) 2

DIOS te perdone. No le perdonaste
que su ser sin tamaño te midiera
y que tu razón, corta, no pudiera
medirle en las medidas que tomaste.

5   Tampoco tú, Miguel, te mensuraste.
Siempre encerraste en ti la vida entera
–aunque, fuera de sí, tu vida fuera
la pasión de buscar que te buscaste.

Dios te perdone. Tu verdad amaste
10 sobre todas las cosas. Y Dios era
tu agonía y la luz que nunca hallaste.

Allí, donde él, intacto, nos espera,
serás *–¡quién como Dios!,* ¿te congraciaste
ya con la gracia?– vida verdadera.

(718)

ES EL OCASO...

(A Juan Ramón Jiménez)

*(Los irremediables apolíneos imaginan aún
que cuando muere un poeta su numen se
traslada a la cima del monte Parnaso)*

Es el ocaso, Juan Ramón. Mi escaso
y claudicante dios, mi deseante
criatura, se me llena de radiante
verdad entre las sombras del ocaso.

5   Hay que pasar la linde –dar el paso
absoluto del hombre– intimidante.
Y, alma viva, fe viva, ser tajante
decisión y acabar con el acaso.

Ya se me pone el sol, caduco, laso.
10   Y, orto sobre la puesta, deslumbrante,
asoma Dios, que es cielo y no Parnaso.

Toda una vida tengo por delante,
toda una clara vida sin ocaso,
porque en la tierra ya morí bastante.

(719)

AQUÍ TIENES LA VIDA...

AQUÍ tienes la vida que me diste.
Te restituyo lo que es tuyo. Quiero
ser de verdad en tu verdad. Espero
ver, ya sin ojos, para qué me hiciste.

5   Si entré en el mundo, porque me metiste
en su vacío de rotundo cero,
quiero zafarme de él, y persevero
en la fe sin medir que me pediste.

...Y viví a medias. Tuve el alma triste
10   cuando se me salió de tu venero.
Siempre soñé llegar a lo que existe

tras la evidencia. Quiero –ya no inquiero–
lo que esperé, señor, y tú me diste:
empezar a vivir cuando me muero.

Apéndices

OTROS POEMAS

(1936-1953)

Apéndice cronológico de poemas sueltos, aparecidos en libros ajenos y revistas.

I

Estas cinco décimas se publicaron en 1936, al frente del poe-mario de Ernestina de Champourcin Cántico inútil *(Madrid: Aguilar), pp. 9-17:*

CINCO GLOSAS EXCÉNTRICAS

(720) 1

¡FRONTERAS a la pasión!
¡Límites al sentimiento!
¡Trabas, rémoras al viento
libre de la sinrazón!
5   ¿Quién pudo, enajenación,
suponerte susceptible
de mesura, definible,
si gozas, por desmedida,
por desmandada, la vida
10 suprema de lo imposible?

(721) 2

NOCHE obscura. Calentura
de la espera enardecida.
Si se quema amor por vida,

333

vive el amor su locura.
5 ¡Cómo arde, cómo fulgura
la Esposa en su soledad!
¡Cómo pide la ansiedad
de su espíritu que encarne
en la angustia de la carne
10 el verbo de la verdad!

(722) 3

CUMBRE. Gólgota sin cielo.
¡Vértice de soledades,
para despeñar verdades
heridas, que van de vuelo!
5 ¡Qué bien se abrasa de celo,
celosa, la abnegación
violenta de un corazón
que, por exigirlo todo,
todo lo renuncia: en todo
10 vive su renunciación!

> *¡No trates de encontrarme por sendas*
> *conocidas!*
> *¡Voy a ti desde todo!*
>
> E. DE CH.

(723) 4

EL fervor del laberinto
—uno y múltiple— te pierde:
¡jugosa manzana verde
que buscas sazón de instinto!
5 ¿En qué eternidad, distinto,
ese amor, que has asombrado,
que has creado y que has quemado,
puede hallarte, si ya vives
la gloria en que te desvives
10 y el sueño que te ha soñado?

(724) 5

Sɪ Dios en ti se hace hombre,
si truecas al hombre en Dios,
y si llamas a los dos,
mujer, por el mismo nombre,
5   no te inmute, no te asombre,
el que en sus identidades
te aneguen con sus verdades
ambos: uno por divino,
otro por mortal, camino
10   los dos de tus soledades.

II

Ausente de su poesía hasta la guerra, Madrid inspirará a Domenchina alguno de los sonetos más emotivos que el poeta compuso en el exilio: se canta lo que se pierde, tanto mejor si es irrecuperable. Pero, en 1937, mientras Madrid era aún refugio de una causa no del todo perdida, no podía dar lugar más que a consignas circunstanciales: así, los poco afortunados eneasílabos que a continuación publicamos, de los que no quiso acordarse el autor al recopilar en México su producción española, y que, junto con un par de estrofas del núm. 732 (vv. 43-48), constituyen los primeros versos que J. J. D. dedicó a su ciudad natal. Antecedente de ambas composiciones en fecha y presupuestos es el ignorado artículo que reproducimos en nota, de interés, si no por su enfervorecido madrileñismo, sí al menos por eximir al autor de una mal ganada fama de juanramoniano intocable:

(725)

MADRID

MADRILEÑO quiere decir:
calcañar italiano en fuga
y cruz gamada enderezada.
Y presente del porvenir.
5   Madrileño es el que conjuga
la dura ciencia de vivir
con el arte de resistir
alegremente la jornada.

336

En Madrid no ha pasado nada.
10   Salvo la muerte sonreída,
salvo la vida amortajada,
en Madrid no ha pasado nada...

(*Noticias Gráficas,*
Buenos Aires, 22-XI-1937)[1]

---

[1] «Digamos sobriamente, a la madrileña, Madrid. No hay que añadirle títulos añejos. Si fue villa Imperial, Coronada, muy Ilustre, muy Leal, muy Heroica, Excelentísima..., como síntesis de todas las cualidades mayúsculas, prestanciosas y prestigiosas de lo español histórico y formal, Madrid (que hoy recupera a España) rompe, sin romper con su significación y su destino tradicionales, con las alharacas, los diplomas y los cintajos de su tradición traicionada, y se titula, con un enorme laconismo estoico, con una inabarcable sobriedad castellana (española), Madrid. Simplemente Madrid. O lo que es lo mismo: nada menos que España en pie contra la invasión extranjera.

»Madrid (hoy por hoy) no reconoce límites. ¿Quién le pone fronteras legítimas a Madrid? ¿Qué español bien nacido no se siente, allí donde se hallare (ya libre o todavía esclavizado), madrileño? A las puertas de la capital de la República, un sacrificador extranjero, esputo de la España pretérita, sedicente español y carroña alquiladiza de la prostitución internacional o diplomática, consuma, abrevándose en sangre madrileña, las más viles y alevosas hecatombes. Como no puede expugnar la entereza unánime del corazón de la República, sacia sus sañudos instintos monstruosos en los hijos y las mujeres (en los huérfanos y en las viudas) de los defensores de la lealtad española. Pero Madrid no retrocede. Madrid (que hoy recupera a España) se enraíza ahincadamente en sus escombros. Sobrevive a su derrumbe. Sólo su arquitectura está a merced de los obuses y de las bombas internacionales. El espíritu de Madrid se entierra en la tierra nativa y es inextirpable. Así extralimita su concepto geográfico, topográfico, que fue inamovible y, ahondándose en sí mismo, sale a la superficie de toda España. Y sabrá ser, en último término, si a tal término le fuerzan, el cantón subterráneo de la civilidad, de la urbanidad castellana: las catacumbas del verdadero espíritu religioso, de la independencia española.

»Madrid (que hoy recupera a España, y repetid conmigo, y con orgullo, esta reiteración veraz, archievidente) significa, sobre todo, unanimidad, conciencia, constancia y sacrificio. Madrid no es (no puede ser) un páramo señero de Castilla, que se bate solitariamente contra toda España. Si España no respondiera a los estímulos de Madrid, dejaría de ser España. Ha de situarse, pues, moral y materialmente, en la capital de la República, que es donde se dirime el porvenir de «todos» los españoles. Los catalanes, los levantinos, los castellanos, los andaluces, son hoy, tienen que ser hoy, sobre todo y ante todo, «madrileños». Porque, hoy por hoy, madrileño quiere decir «español libre» y voluntad infranqueable. Si la jauría facciosa (alemana, italiana, marroquí y portuguesa) nos azuza, Madrid, con las carnes desgarradas, pero con el esqueleto intacto, nos enseña cómo los desgarrones materiales y morales no menoscaban la integridad del espíritu. Y nos ordena imperiosamente: «todos a una» contra los detentadores y depredadores de España. ¡Todos (catalanes, levantinos, castellanos y andaluces) a una! Todos Madrid. Esto es, todos España. Y ante tal llamamiento, empapado en sangre madrileña, española, ningún español puede dejar de sentirse madrileño. Porque todos los españoles leales (porque todos los españoles) son hombres bien nacidos.

»ENVÍO: Yo, madrileño nativo que me desgajé de tu tierra, de mi tierra de siempre, «como la uña de la carne», con la congoja de sentirme impedido e inútil para la guerra, y muy luego de sufrir, en mi indefensión física «y en la soledad de mi espíritu», las bestialidades de un asedio sin nombre, he de decirte, Madrid, mi Madrid de siempre, que no me siento bien hallado en la generosa y ubérrima hospitalidad valenciana. Sobre los sinsabores de una enfermedad mortificante, tengo presente todas tus torturas. No consigo desasirme de ti. El pan generoso que me nutre lo siento en mi paladar con el sabor de tu hambre. La benignidad de este clima me hiela los huesos, que no comparten los rigores de tu atroz invernada. Todo lo que tiene de halagüeño, de cómodo y de fácil el vivir de esta retaguardia tan remota de tus angustias, me sube a las mejillas como un reproche. Y sin tener de qué avergonzarme, sin hallar nada en mi conducta que desmerezca de ti, me apesadumbra el hecho de que mis dolores morales y materiales se hayan alejado de tu entraña materna. Porque, lejos de tu entraña materna, sufro, como madrileño, un pesar obsesivo, insufrible: el de encontrarme «extrañado», escamoteado de mi destino matritense.

»Yo sé, Madrid, que tu escudo tradicional ha desaparecido. La clerigalla, que no podaste a tiempo, enajenó tus pastos y su significación espiritual o religiosa, sustituyendo los osos de tus montes, el oso de leyenda, por osos importados y de cuño alemán, que pretenden abrazarte y aherrojarte con sus argollas mercenarias. Y sé y siento que el frío te obliga a escamondar y podar tu símbolo más noble: el ejemplar «madroño» de tu villa, de tus arboledas. Pero sé y siento con orgullo que no estás arrecido. Que te defiendes, como·te cumple, de todas las inclemencias. Que subsistes y que España subsiste por tu conducta irreprochable. Y sé y siento, por último, que (sin propósito de ejemplaridad) tu ejemplo se yergue y dice: ¡Cataluña, Valencia, Castellón, Alicante, Málaga, Jaén, Almería, Bilbao, Santander, Guadalajara, Cuenca, Albacete, Murcia..., aquí está Madrid, esto es, España, en pie y desangrándose, en su sitio, contra la invasión extranjera!» («Madrid», La Voz Valenciana, 27 de enero de 1937, p. 1).

III

En marzo de 1938 la revista Hora de España (*nº XV, pp. 51-53*)
publicó seis décimas de Domenchina, dedicadas a Amós Salvador.
Todas, excepto la que aquí recogemos, pasarían a las Poesías escogidas (1915-1939) *que el autor dio a la estampa recién llegado a*
México (*cf. núms. 369-373*):

(726)

GÉNESIS DEL PENSAMIENTO

PALABRAS de luz, ilustres
pensamientos: aun pecina
ayer, trémula hedentina
de bajos fondos lacustres.
5   O membranosos, palustres
intentos de forma, vanos.
Las rudimentarias manos
ya hoy consiguen esculpir
el hondo afán de vivir
10   que arde en los dioses humanos.

IV

Durante 1937 y 1938 Domenchina desempeñó el cargo de Jefe del «Servicio Español de Información, Textos y Documentos», sección de la Subsecretaría de Propaganda del Ministerio de Estado, establecida sucesivamente, como el autor, en Valencia y Barcelona. En el suplemento literario de la revista que en varias lenguas publicaba la entidad (Poesía Española, pp. 3-4), *aparecieron, en fecha que ignoramos, los sonetos* «Angustia del crepúsculo» *y* «Mediodía» (núms. *375 y 376 de nuestra edición), además del siguiente poema, no incluido en ningún libro:*

(727)

VOZ ENTRAÑABLE

(Letanía)

ESPAÑA le dice a España:
—Tú *serás.*
Aunque no quieras, *serás.*
Estoy en tu propia entraña.
5   Soy tu propia entraña. Estás
limpiándome con tu saña,
que la muerte que me das
toma mi vida. Te engaña
la pasión de tu patraña:
10   contra mí nada podrás.

El perjurio que te empaña
es el lustre que me das.

Por tu boca, que se daña

340

si me daña, morirás.
15 Sigue, sigue ¡Arriba España!
Sube, sube a tu cucaña
o picota: ¡perderás!
Contra mí, que soy tu entraña,
la verdad que te acompaña,
20 la conciencia que te araña,
nada puedes ni podrás.
Porque extirpas tu cizaña
cuando a aniquilarme vas.
Y en mí amuelas la guadaña
25 con que al fin te segarás.

El perjurio que te empaña
es el lustre que me das.

Porque yo soy limpia, España,
y tú todo lo demás:
30 lo que sobra, mi aledaña
paredaña y nada más.

¡El perjurio que te empaña
es el lustre que me das!

Socavón de ¡Arriba España!;
35 no pasado, sino atrás
de una historia que se amaña
con relieves de patraña
—una lanza vuelta en caña,
un clarín, que es pepitaña,
40 un enano Fierabrás...—
y residuos de calaña
picaresca: mugre, saña,
sangre y viento... nada más.

¡El perjurio que te empaña
45 es el lustre que me das!

¡Gloria a Dios, si Dios estaña
tu armadura, triste laña
que te tiene en donde estás;
si hace espada tu espadaña,
50 si tu troje hinche de escaña,

si te lleva a donde vas!
Pero,
mas...

Si me acude, si restaña
55 los desgarros de mi entraña
y la sangre de tu saña,
tu «¡reniego!» escucharás.
Y al Señor de la Montaña
por un tajo empujarás
60 –zancadilla, zurda maña
y cristazo– por detrás.

Contra mí, que soy tu entraña,
nada puedes ni podrás.

¡El perjurio que te empaña
65 es el lustre que me das!

Sólo a costa de mi hazaña
tu ignominia borrarás.

Abril, 1938

Al parecer, el poema tuvo aún más amplia difusión: existen indi-
cios de que debió de llegar, junto con este otro que transcribimos, a
alguna revista de Bahía Blanca (Argentina), que no hemos localizado:

(728)

YA Castilla, que hizo a España,
vive en muerte sus verdades.
Sobre un páramo de luto
está el rojo de la sangre.

5 ¡Mala vida, castellano,
buena muerte, quieren darte!

Carne adentro, donde buscas
la firmeza de tu osambre,
¡sólo tienes la locura
10 de tu luto y de su sangre!

Y te palpas, esqueleto
de Castilla, sin hallarte.
¡Ay soporte escarnecido!
No soportas ni esa carne
15   que te cubre y que te buscan,
como grajos, de voraces
apetitos, los que roen
tus miserias entrañables.

Ya Castilla, que hizo a España,
20   rota en dos, de sí se parte.

Si te llaman anarquista,
díles tú como quien sabe:
«Junto al negro de mi historia,
tengo el rojo de mi sangre.
25   Si la infamia que me tizna
es la herencia de mis padres,
lavaré toda mi estirpe
con los hijos de mi sangre.
Con la sangre de mis hijos
30   de mí propia he de lavarme.
Soy el alma de Castilla:
rigidez y mal talante.
Soy Castilla, que hizo a España,
y hoy la trunca y la deshace.

35   »Los harapos nazarenos
que se empapan en la sangre
y en las hieles que rezumo,
¿cubren restos de un cadáver?

»Vivo muerte; en el osario
40   cantan vida mis desplantes.
Y me come la hidalguía
de mi estirpe, como el hambre.
Como el hambre de este páramo
de carroñas y de osambres.

45   »Por vejada, por sumisa,
por soberbia y arrogante
—altanera en la picota
y en la ergástula, cobarde—,

roja y roja, por mis fueros,
50   negra y negra de hermandades,
amarilla de rencores
envidiosos, vergonzantes,
soy Castilla, que hizo a España,
y hoy la trunca y la deshace.»

55   ¡El orgullo a la española
—recio temple, buen coraje—
y el dormir a pierna suelta
bajo el hacha amenazante!

V

Con la guerra civil, una ajustada contienda debió de librarse en
el ánimo de Domenchina entre el discípulo de Juan Ramón y el
secretario de Azaña; mal que bien evitará el autor, con un oportuno
recurso a la heteronimia, el trance de tener que elegir entre ambos:
de los poemas que siguen, los tres primeros son obra de «Gerardo
Rivera» que, en tiempos alterados, delega en el poeta exquisito su
cotidiano oficio de crítico acerbo, para componer versos de circunstancias. Transcribimos asimismo los párrafos en que J. J. D. glosa
la ocasional concesión de su alter-ego (La Vanguardia, 12-X-1938,
p. 3). El último poema (Ibidem, 6-XI-1938, p. 3), firmado ya por el
ortónimo, desarrolla la idea de los versos finales de «El deber» y
renueva motivos de composiciones recientes (cf. núms. 725 y 727):

TRES POEMAS DE CIRCUNSTANCIAS[2]

(729) 1

YA SOLO QUEDA ESPAÑA

YA solo queda España.
España sola. Lo demás es... resto.
Lo demás se cotiza en los mercados
universales. Lo demás no existe.

---

[2] «Mi amigo inseparable –y a la vez entrañable enemigo– *Gerardo Rivera*, rigo-
roso *alter ego* de mi frívola externidad, escribe ahora, circunstancialmente, y no es

5   Largo el camino, larga
la intención, el aliento
largo. ¡España encendida y tan remota!
Aquí está el precio, en sangre y arrogancia,
de la medrosa indignidad ajena.

10   Aquí está el precio, en lágrimas y ruinas
propias, de los ajenos apetitos,
de las extrañas mansedumbres,
de las claudicaciones, sumisiones
y traiciones de todos.

15   Aquí está, en carne viva, España rota.
En libertad, aquí, las libertades
no se resignan. Por los oprimidos
de todo el mundo, España, solo España,
España sola, lucha, sufre y muere[3].

---

pleonasmo, versos de circunstancias. El crítico *sañudo* –en puridad, paloma duenda, sin hiel– y *negativista,* que quizá, todavía ayer, encontrara harto sentimentales y de ocasión mis poemas de enjundia intelectual y de cuño perenne, insiste ahora en la contradicción de afirmarse negando la validez de su pasada –¡y tan pasada!– intransigencia. Bien. En su palinodia de hoy, aduce argumentos definitivos. Asegura que no escribe versos de ocasión por gusto, como Goethe. Los escribe por necesidad y por disciplina. Se acoge a una disciplina para disciplinarse con ella. Quiere que su numen indómito reconozca la *obligatoriedad* de las circunstancias, y que no las desacate. Desea, en fin, que su numen de ayer, díscolamente subjetivo y *puro,* se cargue de impurezas y que las soporte íntegramente, para expulsarlas o escupirlas después, por lo objetivo, con la integridad y la eficiencia que la realidad exige. Mediante esta doma ejemplarísima no pretende, claro está, conseguir un numen doméstico, sino humano: únicamente dócil y sumiso al deber que le cuadra.

»Pues bien: este hirsuto y difícil crítico –que es, según se afirma, mi complemento y aun mi contrafigura– ha tenido la generosa iniciativa de enviarme tres de sus últimos poemas de circunstancias, con el ruego de que los divulgue y critique. Le voy a complacer, porque su pretensión es natural y lógica. Y porque yo, que velo por el buen nombre de mi amigo y por los intereses que nos son comunes, estimo que no nos invita a una inadmisible velada poética, sino que nos otorga, ya que no el vagido inicial, sí las primicias honrosas y honradas de un duro aprendizaje.»

[3] «A propósito de esta composición, le he escrito a *Gerardo Rivera:* "En esas líneas están y laten los sentimientos *todos* de todos los españoles. Pero las verdades absolutas ofenden a *todos* los que no están en situación de afrontarlas. Y, por otro lado, en mi opinión, lo que es evidente no es menester que se someta a ningún ritmo ni a ninguna medida. Lo evidente se escribe en prosa".»

(730) 2

RUINAS DE LA PALABRA[4]

HE aquí las ruinas de la Palabra.
Han hecho crisis las frases enfáticas.
El tribuno se calza
las más sigilosas sandalias
5   y no perora: actúa, siembra verdades grávidas,
hechos fecundos, intenciones arduas.
Lo de ayer fue retórica, y retórica mala.
Hoy no se mueve el vendaval de las masas
con énfasis disertos y alocuciones vacuas.
10 Frente a la suprema distinción de morir cara
    a cara,
empuñando las armas,
enmudecen las verbales elegancias:
Solo la verdad tiene derecho a la voz alta.
Solo la verdad cunde y se propaga.
15 Lo demás: tempestades en un vaso de agua.
Lo demás: chamarasca
efímera, palabras
coruscantes, brillantes, sin sustancia.
Una noble afonía enronquece las agrias
20 laringes de la democracia.
El triunfo es del silencio que trabaja.
Cuando la sangre se derrama
por una noble causa
–España, aquí está España, esta es España–,
25 solo la Verdad habla:
solo la Verdad tiene derecho a la voz alta.

---

[4] «El segundo poema circunstancial de mi amigo y cofrade, aun cuando se nos
antoje que, con arreglo a la instigación verleniana, le va a retorcer el pescuezo a la
elocuencia, es harto elocuente. Nuestro taciturno y suasorio lírico lo sitúa bajo la
advocación de San Cucufate, rotulándolo adecuadamente –adecuadamente, en esta
época de demoliciones–, "Ruinas de la Palabra". [...] En relación con este poema,
que se alaba y se aplaude por sí solo, no le he escrito nada a mi vetusto compañero.
Yo no sé si la Poesía y la Calología conceptuarán lícito que se pulsen líricamente
entidades de naturaleza prosaica. Pero siempre que un canto –ya surta de una ira,
ya surta de una honda– hace añicos algún valor convencional y superfluo, yo me
emociono como un poeta.»

(731) 3

EL DEBER

EL deber se aguza como un cuchillo.
El deber te dice que has de ser filo
cortante, penetrante, para tus enemigos.
El mundo se sale de quicio.
5   Hay hombres que ignoran su destino.
Pero tú estás en tu sitio.
Tú siempre eres el mismo.
Esparces tus gritos,
amontonas tus sueños, ocultas tus sigilos,
10 eres de tus proezas el héroe y el testigo.
¿Los demás? Tú respondes de ti mismo.
Avanzas impetuoso, sereno, como un río.
No te desbordas en pueriles regocijos.
No te ensimismas o remansas en pensamientos
    sombríos.
15 Te enraízas en el terruño nativo.
Lo defiendes como a un niño,
como a una novia, como a un padre desvalido.
Estás donde te cumple: en tu sitio.
Nadie te encuentra, en tu arrogancia, altivo.
20 Acudes a todo, solícito.
Son imperiosos tus designios,
pero tu corazón es de niño.
En tu mente se queman los delirios,
pero tu pie sensato no elude los caminos
25 difíciles, los riscos
inhóspitos ni el llano propicio.
Eres dueño de ti mismo. Eres el señor de ti
    mismo.
No quieres ser esclavo de ti mismo.
Sólo sometes tu albedrío
30 a tu deber de bien nacido.
Eres un hombre, un grito
de España. Y estás en tu sitio.[5]

«GERARDO RIVERA»

***

[5] «Por último, el tercer poema de ocasión o de circunstancias que me remite mi impetuoso coinquilino se titula "El deber", y es de una sobriedad típicamente

(732)

HOMBRE DE ESPAÑA

MIRADLE: ni un aspaviento,
ni una lágrima, ni un grito.
Tallado el rostro en granito.
Sordo, profundo el acento.

5   Este español, que así es
porque es español, ya sabe
que está ganando un «después»
que en el presente no cabe.

Sabe ya que la distancia
10   se acorta con el valor,
y que el dolor es mejor
sufrirlo con arrogancia.

¿Los demás? Se le da un bledo
del miedo de los demás.
15   No se asusta con el miedo
de los que quedan detrás.

España no retrocede.
Si todo el mundo deserta,
él es España y no cede,
20   porque España no está muerta.

Los Jeremías de Europa
hacen plantos de mal vino,
viendo en remojo su ropa
y las barbas del vecino.

25   Él está donde le plugo,
por deber... y por antojo
de no sufrir el sonrojo
de someterse a un verdugo.

—estoicamente— española. [...] En relación con estos últimos versos le he escrito a
Gerardo Rivera: "Cuando a todo el mundo le parece cómodo callar, solo se escuchan
los gritos de España. Únicamente dicen quiénes son los hombres de España".»

Serio, altivo, sin desplantes,
30   hincó sus pies en la tierra:
¡en su tierra!, y vive en guerra
con rebaños de gigantes.

Sólo ser libre le importa.
La muerte no le intimida.
35   Él ya sabe que la vida
del humano es dura y corta.

Si morir es menester
se muere con un buen nombre.
Mejor es dejar de ser
40   que dejar de ser un hombre.

Ni invoca lauros pretéritos,
ni evoca gestas del Cid.
Se ciñe a sus propios méritos
y canta un nombre: Madrid.

45   ¡Madrid, que es España entera,
Madrid, la justipreciada,
que nunca será rastrera
capital capitulada!

Este es el hombre, el altivo
50   castellano impostergable,
que no es cruel ni vengativo,
pero que es inexorable.

¡Miren los confabulados
activos y sus comparsas
55   cómo juegan con sus farsas
de seres menoscabados

los españoles enteros
e inquebrantables, que están
en que no los sumarán
60   como se suman los ceros!

De nada vale al astuto
su astucia en el substraer,
si se le puede oponer
un valor que es absoluto.

65   España, espíritu intacto,
      no es transacción ni es traición.
      ¡Le sobra a España pasión
      para reducirse a un pacto!

      Bien dispuesto a perecer,
70   canta el español su nombre:
      mejor es dejar de ser
      que dejar de ser un hombre.

VI

Publicado por vez primera en la selección «Cinco apostillas de sombra, dos canciones y un epitafio» (CuA, *XXVII, nº 5, sept.-oct. de 1944, p. 223), el siguiente soneto no superó cuatro años más tarde el severo criterio de su autor y, a diferencia de las demás composiciones (núms. 568, 569, 583, 584 y 616-618), quedó excluido de* Exul umbra:

(733)

Tus galerías de incomunicado
dan al mar... Y a ese mar, que es insondable,
bajas, buzo dormido, por el cable
del sueño que te tiene desvelado.

5 En tu insomnio te deja descontado
lo que quieres contar, que es incontable
—por numeroso no, por inefable—
y que te suma cifras de restado.

La noche —densa y fiel, como tú— viste
10 de luto por' las cosas que tú viste
disiparse en la vida que tuviste.

Pero tu sueño es vida, y recupera
lo que fuera tu vida verdadera
en su pasión de adentro siempre fuera.

VII

Ya en la década de los cincuenta, la revista cordobesa Alfoz
publicó en sendos números, bajo el nombre de Domenchina, los tres
poemas que siguen, cuya autenticidad se halla en entredicho: en
carta a los directores de la revista, J. J. D. negó rotundamente su
autoría, obteniendo cumplida refutación. En nota seleccionamos
los fragmentos más destacados de ambas misivas:[6]

[6] «Gracias al número 13 –buen número– de *Poesía Española,* de Madrid, correspondiente al mes de enero de 1953, supe que en el número 5º –y no hay quinto
malo– de su revista *Alfoz,* había yo publicado un breve poema. Por los versos que
reproducía la revista madrileña –a la que tengo que agradecer, con este motivo, un
cariñoso elogio– eché de ver que el tal poema no era mío, aunque fuera un remedo
o parodia de una de mis maneras propias de hace muchos años.
  »Dejé la cosa así. Ahincado en mi soledad de España, y ajeno a mi presente, opté
por el silencio. Pero ahora me llegan, enviados directamente por ustedes, a una
dirección que no es exactamente la mía en Méjico, los números 6º y 9º de su esti-
mable publicación. Y veo que abren ustedes el último de estos números, que corresponde a octubre de 1953, con otros dos breves poemas míos, que tampoco son míos,
aunque uno de ellos, el del chopo y el caballo, tenga dos o tres imágenes de mi
cosecha y esté escrito a la manera de un Domenchina remoto, en hábil pastiche.
  »¿Qué quiere decir todo esto, estimados colegas? ¿Se trata de una broma de
ustedes, o de una broma que les han gastado a ustedes, abusando de su buena fe?
Conmigo apenas reza la cosa; porque mis oraciones son mías, y acostumbro a orar
a solas en mis libros. Quiero decir que, después de haber contribuido con unos
versos inéditos a la «gloria y esplendor» de dos publicaciones –*Cuadernos Ameri-
canos,* de Méjico, y *Revista de las Indias,* de Colombia, de esto hace ya muchos
años, he declinado, agradeciéndola de corazón, la honra de colaborar con renglones
cortos en publicaciones españolas y americanas.
  »[...] La cosa no es grave, pero conviene aclararla. Si se trata de una travesura
de ustedes, confiésenla, y si no, ayúdenme a sacar del anónimo a ese vergonzante
y relativamente experto suplantador de mí mismo.» (Carta de J. J. D. a los directores de *Alfoz,* Córdoba, fechada el 22 de enero de 1954. *Índice de artes y letras,*
nº 72 –30-III-1954–, p. 2.)
  La respuesta de Mariano Roldán Villén, director de *Alfoz,* no se hizo esperar:
  «Los tres poemas publicados en nuestro *Alfoz,* junto con un cuarto aún inédito,
me fueron cedidos por la madre del poeta cordobés Juan Ugart –muerto durante la
guerra civil española–, a la revista del cual, *Ardor,* salida en Córdoba en el 36 y
dirigida, entre otros, por el mismo Ugart y el poeta venezolano, entonces resi-

353

(734)

POEMA

AZUL buido, larva ardiente
de una malquerencia amarilla.
El azul ¿quién lo bruñe? El cielo
se frota los ojos quemados.

5   Con su serrucho la chicharra
hace aserrín de siesta. Insiste
la noria, que extrae arcaduces
mohosos y enjutos del páramo.

---

dente en España, R. Olivares Figueroa, usted, por medio de este último, había enviado sus versos. Estaban destinados a ver la luz en un segundo número de tal revista. La guerra lo hizo imposible.

»De la carta, que conservo, firmada por Olivares Figueroa, en la que incluía sus poemas, fechada en Santander el 6 de julio de 1936, copio los siguientes párrafos: «Ahí le envío esa carta de Cernuda y originales de Domenchina –varios poemas para publicar juntos, según le pedimos. [...] El ensayo de Marichalar y los versos de Domenchina representan dos buenas adquisiciones, como sabe.»

»Aparte de esto, en sendas cuartillas, están los cuatro poemas, mecanografiados, al final de los cuales va su firma. Y más. A los poemas les acompaña su tarjeta, que reza: «Juan José Domenchina»; debajo, el cargo que usted ocupaba entonces, y de su pluma y mano lo siguiente: «Ahí van esos versos para *Ardor* con un (ilegible: ¿cariñoso?) saludo.» Y después, la rúbrica.

»Y bien, admirado amigo, ¿sigue pensando después de esta casera marcha atrás del tiempo, refrescada su memoria por los datos que, con gusto, aporto, en que todo sea una broma nuestra, o que alguien nos la haya gastado, abusando de nuestra buena fe?» (Fechada el 7 de abril de 1954. M. Roldán Villén, «Contestando a Juan José Domenchina», *Índice de artes y letras,* nº 73 –30-IV-54–, p. 17.)

Solo faltó a la respuesta de M. Roldán añadir un facsímil de la prueba mayor para hacerla incontestable. Aun así, nos inclinamos a admitir la validez de su defensa; todo lleva a pensar que tampoco Domenchina se libró de la amnesia, síndrome del desterrado. Nos consta que, en las fechas mencionadas, la revista *Ardor* buscó, por distintos intermediarios, la colaboración del autor: se conserva la nota, fechada en Sevilla el 20 de febrero de 1936, en que Adriano del Valle solicita a J. J. D. el envío de poemas a la publicación cordobesa; también el propio Olivares Figueroa le escribió el 1 de abril de 1936 con idéntico ruego (ms. 22.269 de la Biblioteca Nacional de Madrid). No nos extrañaría, por tanto, que el poeta, entonces menos reacio que años después a la participación en revistas, hubiera llegado a mandar las composiciones en tela de juicio para ese número 2 que, en efecto, malogró la guerra. Ciertamente, las tres responden al espíritu de las «Elegías Barrocas», que por esa época ocupaban al autor, y conservan algún resabio de *La corporeidad de lo abstracto.* Más que de «experto» tildaríamos al «vergonzante suplantador» de *privilegiado,* si residiendo en España tuvo acceso en los cincuenta a *Exul umbra,* la obra en que Domenchina evocó la llanura castellana en términos parecidos a los del segundo poema.

Sobre la calina, una nube.
10   El bochorno barre la siesta.
Y, al tiempo que el hombre se tumba,
la tierra se resquebraja.

(*Alfoz*, nº 5 –nov.-dic. 1952–, p. 7)

(735)

JUNTO AL CHOPO, EL CABALLO...

JUNTO al chopo, el caballo.
Riendas, ramas caídas.
La piafante impaciencia y el verde murmurar.

El caballo y el chopo. Aire de fábula.
5   Luz de fábula, absorta.

Y luego, la llanura,
                    la llanura perpetua,
la llanura sin límites,
                    horizonte acarrado
como inmóvil manchón de ovejas pardas.
La llanura,
            tan sólo la llanura...

(736)

TRÉBOL, TRÉBOL ARDIENTE...

TRÉBOL,
trébol ardiente...
finas siluetas púberes
buscan su sexo.
                    Noche de San Juan.

5   Por el césped lo buscan,
ilusionadas frágiles –el trébole–,
la noche de San Juan.

(*Alfoz*, nº 9 –oct. 1953–, p. 1)

VARIANTES

DEL POEMA ETERNO

2. **2** dulzura] ventura *PE1922* **10** dolor enlazado] dolor, enroscado *PE1922* **11** paraíso] ~, *PE1922* **13** hombre frío] ~, ~, *PE1922*

4. **1** paz sonora] ~, ~, *PE1922* **2** se incendiaba en ensueños] incendiábase en sueños *PE1922* **10** dulzura] tersura *PE1922*

7. **2** enigma] *enigma— PE1922* **4** sembrando malas dudas y barrenando testas *PE1922* **5** La mirada escudriña lo invisible; el cerebro *PE1922* **6** trenza espirales lógicas, por trágicas, ingenuas. *PE1922* **7** La rebeldía, sobre los zancos de la duda, *PE1922* **8** chapotea en el verde fangal de la incoherencia. *PE1922* **9** Yo aseguro —y es hija del estudio esta *insólita PE1922* **10** afirmación— que todos venimos de la tierra, *PE1922* **11** y que, bajo la excelsa bendición de los dioses, *PE1922* **12** aburridos y rotos, volveremos a ella. *PE1922*

9. **1** vino] ~, *PE1922* **2** reposado] sosegado *PE1922* **5** pasea, puestos] ~ —~ *PE1922* **7** *om. coma tras* levántate *PE1922* **8** vive] ~, *PE1922* **9** sin tener] esforzándote; *PE1922* **10** no finjas, no te hieras, no sufras reprimiéndote! *PE1922* **11** tos] toses *PE1922* **12** ¡Ama, pero] Ama, ¡pero *PE1922* **15** realidad] ~, *PE1922*

11. **1** sereno] ~, *PE1922* **6** eterna] sin fin *PE1922* **8** efímeras...] ~. *PE1922* **13-18** *entre paréntesis PE1922* **14** —en la paz de la hora sumerge el alma niña—, *PE1922* **16** irisa,] ~; *PE1922* **17** color total] ~ ~, *PE1922* **18** reflejos] ~, remembranzas *PE1922*

34. **1** azulados—] ~—, *PE1922* **2** *om. coma PE1922* **6** mujeres] ~, *PE1922*

36. **1** erguidos] ~, *PC, PE1940* **3** que amorosa] ~, ~, *PE1922, PC, PE1940* **5** azur] azul *PE1922, PC, PE1940* **8-9** *sin blanco entre vv. PE1940* **9** luna] ~, *PE1922, PC, PE1940* **11** ardiente] lasciva *PE1922, PC, PE1940*

37. **3** se hace bruma y dolor con la llegada *PE1922, PC, PE1940* **4** de la hora negra, capuchón del cielo. *PE1922, PC, PE1940*

6 pernean] ~, *PE1922, PC, PE1940* || Todo quedo] ~, ~, *PE1922, PC, PE1940* **7** *blanco de estrofa PE1940*

40. **6** elevan] ~, *PE1922* **10** cansancio] ~, *PE1922*

41. **7** amontona sobre ella] amontona, se crece, *PE1922*

42. **7** esclavos] amigos *PE1922* **13-16** *entre paréntesis PE1922* **13** Y] *om. PE1922*

48. **2** constante,] ~. *PE1922, PC*   **4** tarde...] ~. *PE1940* **6-8** *om. signos de admiración PC, PE1940* **8-9** *sin blanco entre vv. PC, PE1940* **10** en sombras] hechas sombra *PE1922, PC, PE1940* **11-12** *sin blanco entre vv. PC, PE1940* **13** del dolor] de la noche *PE1922, PC, PE1940*

52. **1** oscuro *PC, PE1940* **2-3** *sin blanco entre vv. PC, PE1940* **3** subterráneos] ~, *PE1940* **6** luces] cosas *PE1922, PC, PE1940* **9** fácil, fácil] puro —y fácil *PE1922, PC, PE1940* **10** renovación,] ~— *PE1922, PC, PE1940* **12** *om. signos de admiración PC, PE1940*

58. **6** nuestra] muestra *DPE*

LAS INTERROGACIONES DEL SILENCIO

61. **4-5, 8-9** *sin blanco entre vv. PC*

67. **1-8** = *1-8 de n.º 68 PC, PE1940* **11** amada] amiga *PC, PE1940* **20-21, 21-22** *sin blanco entre vv. PC, PE1940*

68. **9-21** = *5-24 de n.º 67 PC, PE1940*

70. **7** entornaron:] ~, *PE1940* **12-13** *sin blanco entre vv. PC, PE1940*

71. **12-13** *sin blanco entre vv. PC*

72. **17-18** *sin blanco entre vv. PC*

73. **8** estática *PC*] extática *IS, PE1922* **12** espumas...] ~...: *PC* **17-21** *om. PC*

74. **10-11, 12-13, 16-17, 20-21** *sin blanco entre vv. PC*

75. *om. fecha final PE1922, PC, PE1940*

LA CORPOREIDAD DE LO ABSTRACTO

77. **6** ceño] ~, *Pl1* || perfil] ~, *Pl1* **18** naturaleza *Pl1, PE1922*

78. **4** de marisma, cobarde y astuciosa. *Pl1, PE1922*

79. **3** pues;] ~, *PE1922* **7** *om. coma PE1922*

80. **10-11** *sin blanco entre vv. PC, PE1940* **20** mesa;] ~: *PE1922*

81. **12** *entre signos de admiración Pl1, PE1922* **13** angustia;] ~, *Pl1, PE1922* **14** *om. coma Pl1, PE1922* **20** Eternidad] Realidad *Pl1*

82. «La Timidez»] (Capricho) *add. Nac1* **15** *om. coma tras* huye *PE1922*

83. **4** aorta] ~, *PE1922*

84. *entre comillas PE1922* **4** encuentro] ~, *PE1922* **7** impulsa] ~, *PE1922*

85. **6** congestible—;] ~—, *Pl3, PE1922* **15** digestiones] ~, *Pl3, PE1922* || *om. coma tras* continuo *Pl3, PE1922* **16** *om. coma Pl3, PE1922* **17** subitánea] ~, *Pl3* **18-19** *sin blanco entre vv. Pl3* **20** cosa.] ~... *PE1922*

86. **9** *om. comas PE1922*

87. **7** cuclillas:] ~, *Pl1* **9** Briáreo (*Pl1* Briareo *CA*)] ¡~ *Pl1, PE1922* **10** amistad] ~! *Pl1, PE1922*

88. **3** boca, está] ~—~, *Pl3, PE1922* **8** cardiaco *Pl3*] cardíaco *PE192, CA* **9** aguja] ~, *Pl3* **12** miedo *PE1922* **13** Estrenuo] ~, *Pl3, PE1922* **14** relapso...] ~. *Pl3*

89. **2** «El brinco es oración»] «¡~!» *Pl3* **3** apático] ~, *Pl3* **12** oración] ~! *Pl3*

90. **3, 5** *om. coma PE1922*

91. **1** *om. coma tras* ¡Oh! *Pl1, PE1922* **4** obstinación] ~, *Pl1, PE1922* **9** *om. coma tras* erre» *Pl1, PE1922* **13** largas] ~, *Pl1* **17** corta;] ~, *Pl1*

92. **8** frenético y lascivo, *PC*

93. **1** contumaz] ~, *Pl1, PE1922* **2** fanático—, se] fanático— se *Pl1, PE1922* **4** *om. coma Pl1, PE1922* **5** cazurro] ~, *PE1922*

94. **2** valetudinario *PE1922, PE1940*] veletudinario *CA, PC* valentudinario *Pl1* **5** Ahora] ~, *Pl1* **9** *om. coma tras* Y *Pl1* **10** en] *om. Pl1* || momento.] ~: *Pl1, PE1922* **11** tan sólo] *om. Pl1, PE1922* || Mefistófeles] Lucifer, su amigo *Pl1, PE1922* **12** su] y *Pl1, PE1922* **13** *om. coma Pl1, PE1922* **20** astillas] ~, *Pl1*

95. **4** hace] «...» *Esp6* **15** enófila, en] enófila —en *Esp6* **21** Hermes, célere] Hermes —célere *Esp6*

96. **2** incisivos] indecisos *Pl3* **3** raposa,] ~. *Pl3* **4** Ubicuidad *Pl3* **12** peligro: cito] ~—~ *Pl3* **13** *om. coma tras* Subrepticio *Pl3*

97. **9** luminiscente] ~, *Esp7* **10** *om. coma tras* glacial— *Esp7* **11** fluir.] ~... *Esp7* **13-16** *entre paréntesis Esp7* **13** clisteriza] elisteriza *Esp7* **15** novio] ~, *Esp7* **23** acezar—] ~—, *Esp7* **38** Tiene un nombre fantástico: Colodrio. *Esp7* **39** Y —¡ay— es un ave mítica. *Esp7* **40** Un ave de la Fábula, que cura *Esp7* **41** —con mirar sólo— *Esp7* **42** el aliacán violento de la Envidia. *Esp7*

98. **2-3** *sin blanco entre vv. Esp8* **3** costado] ~, *Esp8* **4** *om. coma Esp8* **8** (924) *add. tras el v. Esp8*

99. **11-12** *sin blanco entre vv. Esp8* **17** feo—, *Esp8* **25** alectórico] ~, *Esp8* **35** fijo] ~, *Esp8* **41** ni] su *Esp8* **42** Así proclama] Pro-

clama a voces *Esp8* **45-46** *sin blanco entre vv. Esp8* **50** (924) *add. tras el v. Esp8*

100. **3** nimio] ~, *Esp1* **11** *om. coma tras* Mas *Esp1* **16** un] una *PE1940, APEC*

101. **8-9** *sin blanco entre vv. Esp3* **9** explota:] ~, *Esp3* **14-15** *sin blanco entre vv. Esp3* **18** ascética, nutrida de] ascética que nutre su *Esp3*

102. **2** *om. coma Esp2* **8** jondo:] ~, *Esp2* || *om. comillas Esp2* **13** *om. coma Esp2* **15** *om. coma tras* Y *Esp2* **18** *om. coma Esp2* **18-19** *blanco entre vv. Esp2*

112. **4-5** *om. blanco entre vv. PE1940*

113. **5** tusilago] turbio *praem.* PC, *PE1940* **7-8** *om. blanco entre vv. PE1940*

120. **4** entraña] entrañas *PE1922*

121. **12-13** *om. blanco entre vv. PE1940*

123. **10** mentecatos] abderíticos *PE1922*

127. **3** *om. guión PE1940* **3-4** *entre paréntesis PE1940* **4-5** *om. blanco entre vv. PE1940* **7** *om. guión PE1940* **7-8** *entre paréntesis PE1940* **8-9** *om. blanco entre vv. PE1940* **12-13** *om. blanco entre vv. PE1940*

128. **5** sangre] ~, *PE1922* **10** surge] ~, *PE1922*

129. **6** *entre paréntesis Pl2* || *sin Pl2* **7** galopan *Pl2* **7-8** *om. paréntesis Pl2* **11** *om. coma PE1922*

130. **10** principio] ~, *PE1922*

132. **9** lujuriosa] ~, *PE1922*

135. **7-8** *un solo v. PE1922*

136. **3** *om. coma Esp4*

137. **1** *om. coma tras* sol *Esp5* **2-3** *om. blanco entre vv. Esp5* **9** *om. dos puntos Esp5* **10** *om. coma Esp5* **16-17** *om. blanco entre vv.* PC, *PE1940* **24** Grita el deseo imperativamente PC, *PE1940* **25-26, 26-27** *om. blanco entre vv. PE1940* **28** *entre signos de admiración Esp5*

138. «Haikais»] (De antaño.) *add. GacLit.*

141. **1** *om. coma GacLit.* **2** *om. coma GacLit.*

142. **2** solloza:] ~; *GacLit.*

147. *frase interrogativa PC*

151. **2** taciturno—] ~, *Pl2* ~—. *PE1940* **4** las] los *Pl2, PE1940* **5** creación *PE1940* **9** ¿Y la Varona? —sobre el césped *Pl2* **10** sonríe, acaso —¡acaso!— ya *Pl2* **12** *om. coma tras* cuajar *Pl2*

153. **1** sólidos:] ~; *PE1940 om. dos puntos Pl2* **2-3** *om. blanco entre vv. Pl2* **3** *om. coma tras* lavanderas *Pl2*

159. **5** Cultura PC, *PE1940* **6** Cultura PC, *PE1940*

161. **2** boca] ~, *GacLit.*

162. **4** Ay] ~, *GacLit.*

165. **8-9** *om. blanco entre vv. PE1940*
172. **19-20, 25-26, 27-28, 29-30** *om. blanco entre vv. PE1922*
     21-22 *blanco entre vv. PE1922* **31** 30 junio 1920 *add. tras el v. PE1922*
173. **1** *om. coma PC, PE1940* **2** *om. coma PE1922, PC* **4** *om. coma PE1922, PC, PE1940* **6** vida *PE1940* **10** su] tu *PE1940*
174. **10** va a] da en *PE1922*
179. **3** estulto *PE1922*] ~, *CA*
180. **1** *om. coma tras* Vocabulizan *PE1922*
182. **7** desdeñosas:] ~; *PE1922*
184. **2** *om. coma PE1940*
196. **2** *om. coma PE1922*
198. **11** Eternidad *PE1922*
201. **3** luego] ~, *PE1922*
202. **1** porvenir:] ~. *PE1922* **2** *entre guiones PE1922*
211. **1** *om. coma tras* fervor *PE1922* **2** *om. coma PE1992*
212. **8** tierra] ~, *PE1922* **9** obstáculo] ~, *PE1922* **10** camino, malo] camino austero, difícil *PE1922*
214. **1** en tu vida] *om. PE1922* **2** de la alquimia] *add. PE1922* **4** Madrid, diciembre 1921 *add. tras el v. PE1922*

EL TACTO FERVOROSO

219. **2-3** *om. blanco entre vv. PE1940* **8-9** *om. blanco entre vv. PE1940*
221. **2** quería.] ~, *Nac1* **9** alacre] alegre *Nac1*
222. **3-4** *om. blanco entre vv. PE1940* **4** *om. coma PE1940* **4-5** *entre paréntesis PE1940* **5-6, 10-11, 12-13** *om. blanco entre vv. PE1940*
234. **6** cursi] vana *PC, PE1940*
259. «Las cosas...» *APEC sin blanco entre vv. APEC*
262. «En el oro...» *APEC sin blanco entre vv. APEC*
265. **7** una anilla amarilla] anillas amarillas *PE1940*
266. **9** *om. coma PE1940* **61** cielo] ~, *PC, PE1940* **62** ira] ~, *PC, PE1940*
270. *om. fecha final PC, PE1940*

DÉDALO

271. **20** pelágica *PC*] pelásgica *Déd.*
272. **2-3** *un solo v. PE1940* **6** Pero, ¡bah!,] Pero *PC, PE1940*

19 mi] mis *PC, PE1940* **29** Linajes] ~, *PE1940* **45** jus osculi] *entre comillas PC, PE1940*

273.   **4** *om. PC, PE1940, APEC* **6** admirad] ~, *APEC* || asimismo] ~. *APEC* **13** ¡orgullo del numen paterno!, *add. PC, APEC* **17-18** *sin blanco entre vv. APEC* **30** *om. coma tras* hidrias *APEC* **33** impetra] impenetra *APEC* **35-65** *om. APEC* **44** apropicuan] aproximan *PC, PE1940* **49** furor loquendi] *entre comillas PC, PE1940*

276.   **7** gancho;] ~, *PC* **15** límite] límites *PC* **16-17** *blanco entre vv. PC*

281.   **15** combid (conbid *Déd.*)] «~» *PC, PE1940*

285.   **1** enucoide *Déd.* **7** yugulados] degollados *PC*

287.   **5** *om. coma tras* fungible *PE1940*

289.   **44-45** *un solo v. PC*

291.   **26** uretrovaginal] entrañable, sexual *PC*

292.   **18** yugulados] degollados *PC*

294.   **5** No] Y *PC, PE1940* || si no] ~, *PC, PE1940* **6** *om. coma PE1940*

MARGEN

301.   «El solitario numen» *PC, PE1940*

303.   **16** de] e *corrección ms. en el ejemplar propiedad de E. de Champourcin (Ch)*

304.   «Príncipe de angustias» *PC*

305.   «Eco» *PC*

306.   «Ojos» *PC*

309.   «Supe...» *PC*

312.   *om. blanco entre vv. 4-5 PC, PE1940*

316.   **9** de] del *PC* **10** de] del *PC*

322.   *forma un único poema junto con núms. 324, 326 y 325 PC, PE1940*

324.   *cf. nº 322*

325.   *cf. nº 322*

326.   *cf. nº 322*

327.   **1** amarillo:] ~, *RevOcc.* **2** desencajada;] ~. *PE1940*

328.   **1** silencio] ~, *Nac1* **3** que más] ~, ~ *APEC*

329.   **5** cunde;] ~: *PE1940*

330.   **9** Dolor] ~, *PC, PE1940*

334.   **7** gritos] grito *PC, PE1940*

340.   **1** volar.] ~, *RevOcc.* **7** *om. coma RevOcc.* **8** celestes] celeste *RevOcc.* **9** *om. coma RevOcc.*

346.   **8** río;] ~, *RevOcc.*

POESÍAS COMPLETAS (1915-1934)

348. **1** exacto] abstracto *Sol1* || «dije»] *om. comillas Sol1*
350. **2** tú;] ~: *Sol1*
353. «Primavera de gozos»] (Elegía) *add. Sol2* **10** bustos] torsos *PE1940, APEC* **22** musgos] ~, *Sol2* **24** Pero el amor...] ¿Dónde el amor? *Sol2* **28** *om. comas Sol2*
354. «Elegía de los sentidos» *Nac1* **35** intento:] ~; *PE1940* **43** vencido] ~, *PE1940* **52-53** *om. blanco entre vv. PE1940*
355. **23** allí] ~, *PE1940*
356. **12** orto:] ~, *PE1940* **42** ¿Oír?] (~) *PE1940* **47** ¿Oír?] (~) *PE1940* **54** sombra] ~, *PE1940* **76** las] tus *PE1940*
359. **10** yo] ya *PE1940*
361. **1-20** *om. PE1940* **21** cuelga] ~, *PE1940* **22** verde] ~, *PE1940*
365. **1** Muerte,] ~... *PE1940*
366. «Horas de invierno» *PE1940*
367. **35** del] de *PE1940* **44** voy.] ~! *PE1940*
368. **3** muchedumbres] muchedumbre *PE1940*

POESÍAS ESCOGIDAS (1915-1939)

369. Para Amós Salvador *praem. HdE (dedicatoria común a núms. 369-373 y 726)*
371. **7** imposible] ~, *HdE* **10** *om. comas HdE*
375. **4** *om. coma SEI*
376. **8** *om. signos de admiración SEI*

DESTIERRO

380. **9** lo] *tachado a mano en el ejemplar propiedad de E. de Champourcin (Ch)*
381. «Limpia historia» *PA* **8** guste] quiera *PA*
387. «Desnuda verdad» *PA*
388. «Noche del alma» *PA* **2** que] ~, *PA* **3** implacable recorta] ~, ~, *PA* **11** de] ya *PA*
390. «Pasión sin alas» *PA* **7** a] al *PA*
393. «Pausa lúcida» *PA* **9** tan] y *praem. PA*
394. «Vida entera» *PA* **5** *om. coma tras* visto *PA* **8** pude] puedo *PA*
395. «Sombra radiante» *PA*
396. «El leal» *PA*
400. «Limpio designio» *PA*
403. «El ayer redivivo» *PA*

405. «Contigüidad remota» *PA* **1** el] al *PA*
409. «La noche» *PA*
410. «Mediodía» *PA*
414. «Dolor entrañable» *PA* **1** buida] ~, *PA* **4** vida] ~, *PA* **8** transverberarme] ~, *PA*
418. «La luz del dominio oscuro» *PA*
422. «Noche de los sentidos» *PA*

PASIÓN DE SOMBRA

455. «Pasar con paso en vilo...» *PA* **14** *en redonda PA*
459. «El doble» *PA*
460. «Estatua yacente» *PA* **14** corromper.] ~... *PA*
462. «El adelantado» *PA* **1** *om. guión PA* **7** *om. coma tras* quita *PA* **9** *om. coma tras* viste *PA*
463. «El hombre y su sombra» *PA*
464. «Angustia» *PA*
466. «El rescoldo» *PA*
467. «Nevermore» *PA*
470. **14** Y] ~, *PA*
471. **8** deja] ~, *PA* **13** al] el *ejemplar con correc. mss., propiedad de E. de Champourcin (Ch)*
473. «Lo inefable» *PA*
474. «La voz cifrada» *PA* **13** sus] tus *PA*
475. «Inhibición» *PA*
478. «Andar de sombra» *PA* **13** se *Pds, PA* **14** se *Pds, PA*
479. «Tierra ambiciosa» *PA* **4** a] al *PA*
480. «Agonía de ayer» *PA* **10** cuanto] cuando *PA*
481. «Día, claro dolor» *PA* **14** tropiezas] ~, *PA*
485. «Evocación» *PA*
487. «Muerte entrañable» *PA*
490. «Oculto sentido» *PA*
491. «Caricatura» *PA* **3** *om. coma tras* sordina *PA*
493. «Eco de un eco...» *PA*
494. «El postergado» *PA*
495. «Espera en falso» *PA*
497. «Testamento ológrafo» *PA* **9** secano *PA*] ~, *PdS*
498. **13** mejicano *PA*
499. **9** puritano] ~, *PA*
500. **9** vida] ~, *PA*
501. «Sobrevivido acabamiento» *PA*
505. «El árbol» *PA*
509. «Penoso desistir» *PA* **7** sin pretexto] ya sin resto *PA*

510. «Camino sin llegada» *PA*
516. «29 de enero: carta» *Ch*
517. *om. comillas Ch, PA.* Tít.: «Lúcido frío de Madrid» *PA*
    4 *om. coma tras* noche *PA*
522. *om. comillas Ch*
523. **6** a] *tachada en Ch*
529. «Caricatura» *PA* **1** *om. puntos susp. PA* **2** *om. coma tras* hostil *PA*
531. «Malandanza» *PA* **10** hay sitio] hay tierra *PA*
533. «Conciencia del dolor» *PA*
535. «Noche sin término» *PA*
537. «Errar a conciencia» *PA*
540. «El alma en pena» *PA* **13** supervivido] sobrevivido *PA*
545. «Parada en sombra» *PA*
548. «El veraz» *PA* **1** suplantado] ~, *PA*
549. «Escucharse a lo lejos» *PA*
551. «Libertad» *PA*
552. «Los sombrajos» *PA*
556. «Pasión de sombra» *PA*
557. «La voz inequívoca» *PA*

TRES ELEGÍAS JUBILARES

559. **3** cabida] ~, *Romance (R)* **5** sus] tus *R* **7** violencia] ~, *R* **21** arrebatado] enajenado *R* **31-55** *om. R* **96** Llorar] Clamar *R* **124** sudor, polvo] *entre comillas R* **137** *om. coma R* **138** *om. coma R* **166-350** *om. R* **377** *om. coma tras* Epicuro— *R* **382** *punto en vez de punto y coma R* **383** *om. punto R En lugar de los vv. 386-415, R presenta los siguientes:* **386** (Inicuas transacciones / **387** te habrán enriquecido. Mas los bienes / **388** que detentas, lecciones / **389** son de nuestros desdenes: / **390** lo tienes todo, pero no nos tienes. // **391** A solas en el yermo / **392** español, ¡tan cobarde!, miniatura / **393** de tirano, aun enfermo / **394** de rencor y amargura, / **395** en tus rediles ¿qué es lo que perdura? // **396** ¿La tropa rebañega / **397** que, bajo el sol, se acarra y desconfía? / **398** ¿El hambre que reniega? / **399** ¿El émulo? ¿El espía? / **400** ¿Tus espantos —la noche— y tu odio —el día? // **401** ¿O la huella indeleble / **402** de tu crimen manchado de perjurios? / **403** ¿O la prestancia endeble / **404** de tus hijos espurios? / **405** ¿O la horca fatal de los augurios? // **406** Allí —¿cómo pudiste?— / **407** fue España, un día. La imperecedera. / **408** La que tú demoliste. / **409** Donde cundió la hoguera / **410** de tu alma alquiladiza y extranjera. //

411 Allí, donde tu saña / **412** impuso su dominio: el exterminio. / **413** Y donde, ¡arriba España!, / **414** fundaste un predominio / **415** de eunucos y de ex-hombres de aluminio.) *R* **421-425** *om. R* **430** *om. coma R* **438** arma] arpa *R* || *om. coma R* **440** autodidacto] autodidacta *R* **441-445** *om. R En lugar de los vv. 451-455, R presenta los siguientes:* **451** La Maritornes, vuelta / **452** a su gusto y yantar —arriero y ajo—, / **453** folgará a pierna suelta, / **454** regoldará a destajo, / **455** buena estajanovista en su trabajo! *R* **456-460** *om. R* **471-525** *om. R* **530** perder] ~, *R* **546** amable] ~, *R* **563** tus] tu *R* **566-615** *om. R* **621** perecedero] ~, *R* **626-630** *om. R* **635** *om. coma R* **637** inajenable] inalienable *R* **665** clase] «~» *R* **666** Cual hedor] Como lo *R* **671-680** *om. R* **686-695** *om. R* **701-710** *om. R* **714** proscrito] ~, *R* **726** *om. coma R* **727** *om. coma tras* ocasión— *R* **731** Detentan el exilio. *R* **732** zapa] ~, *R* **733** la tierra que es su auxilio. *R* **734** que socavando] ~, ~, *R* **739** *om. coma tras* Quieren *R* **740** *om. paréntesis R En lugar de vv. 741-745, R presenta los siguientes:* **741** La opción, la disyuntiva / **742** que imponen nos repugna: el laborioso / **743** veraz sufre en su viva / **744** existencia el acoso / **745** de este sucio contagio gangrenoso.) *R* **746-755** *om. R* **756** sitiado] ~, *R* **762** *om. guión ante* dijo *R* || *om. coma R Ord.:* 765: 791-795: 781-790: 796 *etc. R* **766-780** *om. R* **785** a mi] en mi *R* **787** *om. coma tras* vida *R* **791** *om. coma R* **793** sentí] sufrí *R* **804** ensombreciera] ensombreciese *R* **806-875** *om. R* **879** madurar] ~, *R* || *om. guiones R* **882** punto;] ~: *R* **884** perplejo] ~, *R* **894** todo] sólo *R* **896-900** *om. R* **916** *om. coma R* **919** postura] ~, *R Ord.:* 920: 941-950: 950*a-j*: 926-930: 936-940: 951 *etc. R* **921-925** *om. R* **931-935** *om. R* **950***a* (¿Recuerdas? Desde lejos / **950***b* —codicia licenciosa, afán vitando— / **950***c* nos mandaban... consejos / **950***d* y valor, cotizando / **950***e* la sangre que se estaba derramando. // **950***f* Torvos apagaluces / **950***g* que zurcieron consignas y plegarias / **950***h* y que, haciéndose cruces / **950***i* de asombro, literarias, / **950***j* vivían de la muerte de los parias...) *R* **976-980** *om. R* **985** México, 27 de septiembre de 1940 *add. tras el v. R*

560.   **1-60** *om. PA* **91** desenterradas] ~, *PA* **196** vida,] ~. *PA* **242-468** *om. PA* **493** transitar] caminar *PA* **540** tenga,] ~. *PA*

561.   «Para Juan de la Encina, Jesús Jiménez y Sindulfo de la Fuente, que me ayudaron a bien morir, compadeciendo mi pasión de sombra, a lo largo de esta elegía interminable» *dedicatoria TEJ* **131** ruïna *TEJ*

562.   **55** tú, incontenible] ~ ~ *TEJ* **82** lo *TEJ*] le *3EJ*

563.   **87** canta:] ~, *TEJ* **182** 5 de abril-5 de junio-1943 *add. tras el v. TEJ*

EXUL UMBRA

564. «Radiante oscuridad» *PA*
565. «Vida desterrada» *PA* **12** la] mi *RevInd.* **13** *om. coma tras* precedido *RevInd.*
566. «Confesión» *PA* **1** *om. coma tras* esqueleto *RevInd.* **9** acendré] acendró *RevInd.* **14** México, julio-agosto, 1944 *add. tras el v. RevInd.*
567. «Las mitades ajenas» *PA*
568. «El paso sin dar» *PA* **1** Y] ...~ *CuA1* **4** *om. coma CuA1* **8** tardo] tarde *CuA1* **10** dio] ~, *CuA1* **12** Hoy] ~, *CuA1* || mi] la *CuA1*
569. «La fuga» *PA* **4** mortal] falaz *CuA1* **6** *om. coma tras* sitio *CuA1* **11** desvaneciendo (devaneciendo *PA*)] ~, *CuA1* **12** vanidad;] ~: *CuA1*
570. «Éxodo» *PA* **2** rescoldado] ~, *PA*
574. **5** Rosa] ¡~ *RevInd.* **6** en el] —~ ~ *RevInd.* **7** muerte] ~—, *RevInd.* || *om. guión y signo de admiración ante* friso *RevInd.*
575. «Cóncavo sentido» *PA* **3** madrugada—] ~, *PA*
576. «Voz de silencio» *PA*
577. «Voz dilecta» *PA* **10** *om. coma tras* rezongue *PA*
578. «El humilde orgullo» *PA*
579. «Apunte» *PA*
580. «Caricatura» *PA*
582. «Esbozo» *PA*
583. «Caricatura» *PA* **4** las primicias] la vendimia *CuA1* **5** beber] ~, *CuA1* **6** melopeas,] ~; *CuA1* **7** y] ~, *CuA1* || bebes] ~, *CuA1* **10** dionisiaca (dionisíaca *CuA1, EU*), magnífica,] ~— ~— *CuA1* **11** baja, vil,] —~, ~— *CuA1* **13** y] ~, *CuA1* || vaivén] ~, *CuA1*
584. «Pasmo del pensamiento» *PA* *Corren mi silencio galgos / agudos: noble jauría...* J. J. D. *praem. CuA1* **3** escuetos] ~, *CuA1* **7** atarazada—] ~—, *CuA1* **12** de] *om. CuA1*
585. «Invitación al cántico» *PA* **13** Apolo] el *praem. PA*
586. **12** Y] ~, *PA*
588. «El castellano» *PA* **1** llanura, la llanura] ~, ~ ~, *RevInd.* **10** *om. coma tras* Añadidura *RevInd.* **11** *om. coma tras* daba *RevInd.*, *PA*
589. «Remembranza» *PA* **3** aquel] en el *RevInd.* || acrisola] se *praem. RevInd.* **4** oro] ~, *RevInd.* **13** azul: azul] ~ —~*PA* || exactamente,] *om. coma RevInd.* ~—, *PA* **14** nubes blancas] blancas nubes *RevInd.* || México, julio-agosto, 1944 *add. tras el v. RevInd.*
590. «Lenta es Castilla» *PA*

591. **1-8** *om. signos de admiración PA*
593. **6** insolidario] ~, *PA*
594. «Ángulo de angustia» *PA*
595. «Tardía evocación» *PA* **1** siesta,] ~; *RevInd.* **2** mieses,] ~; *RevInd.* **9** junio] julio *RevInd.* **13** ve] ~, *RevInd.*
596. «La sed soterraña» *PA*
597. «Pasmo en sombra» *PA*
598. «Negro nocturno» *PA*
600. «Insomnio de noche inmensa» *PA*
602. **4** impreviso *PA* **9** soplado] ~, *PA*
604. «El abejorro» *PA*
606. «Humilde voz» *PA*
612. «Fuego en frío» *PA*
616. **7** tu] la *CuA1*
617. **5** pasión.] ~... *CuA1* **7** corazonada...] ~. *CuA1*
618. **1** veleidoso] ~, *CuA1* **2** estás] ~, *CuA1* **3** adyacente,] ~: *CuA1* **5** vida] ~, *CuA1* || —tan] ~ *CuA1* || movida—] ~, *CuA1*

PERPETUO ARRAIGO

619. **11-12** *blanco entre vv. LasEsp.*

LA SOMBRA DESTERRADA

627. **13** *om. coma tras* singularmente *LasEsp.*
629. **2** suelo] sueldo *PA* **13** *om. coma tras* todo *PA*
630. **1** soterraña,] ~; *LasEsp., PA*
632. **11** al] el *PA*
635. **12** *om. coma LasEsp.*
637. **2** *om. coma tras* cansinos *PA*
638. **14** *om. coma PA*
639. **2** transparente *LasEsp., PA*
644. **6** *om. coma tras* piensa *PA* **7** *om. coma PA*
663. **1** *om. coma LasEsp., PA*
673. **7** van] ~, *PA*

AUTÓGRAFOS

*La Biblioteca Nacional de Madrid conserva el manuscrito original
de* Pasión de Sombra *(ms. 22.261), de interés para el estudio de la
génesis del libro por presentar, además de alguna lectura primitiva,
varios sonetos que finalmente no se dieron a la imprenta.*

*En la portada del autógrafo se indican lugares y periodo de com-
posición de la obra:* México-Cuernavaca-México –9 de noviembre
1943-9 de marzo 1944–. *Todos los poemas están fechados en
México, excepto los de los días 6 a 22 de febrero (núms. 526-539),
escritos en Cuernavaca.*

*Entre los núms. 522 y 523 se insertan dos sonetos inéditos de
asunto metaliterario, al igual que un tercero situado tras el n° 523.
Todos llevan fecha del 2 de febrero de 1944:*

(Caricatura)

*Trópico, para qué me diste
las manos llenas de color.
Todo lo que yo toque
se llenará de sol.*

CARLOS PELLICER

AQUÍ está un gran señor: el gran señor
del trópico, que ciega en poesía
tropical lo que palpa su ardentía
trópica con su tropo abrasador.

¡Cuánto color, Señor, cuánto calor,
cuánta luz, cuánto fuego, qué porfía
de lumbre deslumbrada!... ¿Quién podría
apaciguar su furia de color?

¿Por qué, Señor, le diste tanto trópico,
tanta angustia de sol, que es sed de hidrópico,
y un tacto torrefacto, casi utópico?

¡Mira que muere por su propia ley,
que lo comen en vida, ávida grey
tropical, sus gusanos de maguey!

(Caricatura)

¡BIEN hayas, don Artemio, Micifuz
augusto de la crónica anacrónica!
Mentada sea por veraz tu crónica,
sutil que jura por la Vera Cruz.

¡Tus mostachos enhiestos, de abenuz
desteñido, te ponen su sardónica
prestancia en labios de amargura crónica,
sacándote en sus guías a la luz!

En tu prosa de orfebre se disculpa
el regusto antañón: «Maguer magueyes
corte el indio y los frailes con su culpa

carg[u]en a encomenderos y virreyes...»
¡...Tu buen decir se enjuga con la pulpa
dentífrica y jovial de los mameyes!

(Caricatura)

A A. R. pensando en su Minuta

MESA erudita y apetito llano.
...Y una calva feliz, de calvatrueno.
Escoger los condumios siempre es bueno.
Pero optar –y hay que optar– nunca fue sano.

El estómago docto –culterano–
y la *libido* explícita –con freno–
saben ya que no mata el buen veneno
y que es sólido a veces lo liviano.

...Por los barruntos de su gloria lleno,
elude con malicias de hombre bueno
el énfasis de ser regiomontano

viéndose recoquín monterreyeno:
que lo llenan del todo, y sin relleno,
las divinas flaquezas de lo humano.

Tras el nº 554 aparece el siguiente, que fue recogido con altera-ciones en Poemas y fragmentos inéditos (1944-1959), *p. [23]:*

DE los largos silencios que sembraste,
la emigrada cosecha has recogido
en sobriedad de mutis, persuadido
por el suasorio exceso que evitaste.

Diste –te dieron– con tu vida al traste
y, al no poderte dar por convencido,
te dejaron pendiente, suspendido,
de calumnias que tú no levantaste.

Hoy tienes en tu verbo, esclarecido
por la sombra que tienes, y en contraste
con las voces opacas que has lucido,

todas las convicciones que enterraste
en tu tierra y que aquí te han florecido
con el silencio que las cultivaste.

Méjico, 5, 3, 944.

Y a continuación, se inserta otro, inédito:

Os abandono aquí la conjetura
mariguana, el apático remedo
de mi vida inhibida: lo que puedo
dejar libre al salir de mi clausura.

Ojalá os esclarezca con mi oscura
perseverancia. La verdad que os cedo
sabe a sabiduría: es el acedo
saber –el mal sabor– de la amargura.

No me suputéis ver. Y la hermosura
que tenéis no os vi yo, y, así, me quedo,
al marchar –sin llevarme la ternura

en que ablandasteis el orgullo quedo,
sordo, de vuestra vida– con mi dura
pasión que os ve en el odio y en el miedo.

Méjico, 6, 3, 944.

II

Entre los papeles que incluyen borradores, autógrafos y pruebas de imprenta de El extrañado *(BNM, ms. 22.261), se conserva un primer esbozo de la introducción al diálogo entre J. J. D. y P. Valéry:*

El año de 1932, en mi Madrid de siempre, hablé unos hondos [*tachado* hondos] minutos con Paul Valéry, que sigue siendo, hoy por hoy –1958–, el último gran lírico que ha dado Francia. La radiante contrafigura del arduo M. Teste estuvo conteste conmigo en que el poeta sólo es de cuando en cuando un saltimbanqui o acróbata intersideral, un hombre en la luna. Aunque parece que está en las nubes, es, de todos los pobladores de la tierra, el único que, sobre medir con el compás de sus piernas lo que va pisando, saborea la dicha rítmicamente. –Evoco públicamente este diálogo, y transcribo su síntesis, porque ahora es ya resobada muletilla, en una legión de resolladores de huelgo corto, el decir que los líricos de verdad alientan rítmicamente.

En la misma carpetilla existe una versión del soneto nº 693 con distintos tercetos:

Soñoliento regazo, voz querida:
hoy voy a despertar, a mi manera.
Y ese intenso volver, que llaman ida,

me torna a mi retorno, lanzadera
fatal, y en mi llegada, que es partida,
busco un nacer que nunca se me muera.

También mecanografiado, y formando serie con los núms. 692 y 693 figura el siguiente soneto, que fue recogido en PyFI, p. [24]. La versión manuscrita del poema lleva fecha del 23 de diciembre de 1957:

SE me murió la vida que me diste.
Te me moriste. (Cómo me miraste.)
Con un aliento frío ya apagaste
la luz que en mis tinieblas encendiste.

¿Vivo? ¿Me sobrevivo? Sueño, triste
necesidad, las cosas que soñaste;
moro, fuera de mí, donde moraste;
estoy, lejos de ti, donde estuviste.

Quieres que viva lo que no viviste,
que llegue –cómo– donde no llegaste.
Pero la verdad es que te me fuiste

que no te tengo, y que... que me dejaste
sin mí cuando, de pronto –¿me dijiste
adiós?–, con qué mirada me miraste.

El original del nº 696 lee antorcha *en vez de* lumbre *en v. 4.*

Se conserva una versión primitiva, manuscrita, del soneto «La vida, vieja ya...» (núm. 700), fechada en diciembre de 1949:

SIN incentivo ya, por repetidas,
nos aburren las cosas. Se enmudece,
ya ni un azar desconocido ofrece
la luz con sus sorpresas consabidas.

Todas las frases –ay– están oídas,
y dicho, ha tiempo, y bien, lo que merece
decirse. (Calla a fondo cuando empiece
el remedo a taparte las salidas.)

Señor, ¿por qué derramas tantas vidas
iguales? Tu alto mundo desmerece.
Simple reiteración de conocidas

fórmulas viejas, todo se parece
a todo. Y ni a las glorias desmedidas
de tu piedad mi pequeñez se crece.

En su versión autógrafa, el nº 704 lleva por título «La ascensión».

Éstos son los primitivos vv. 7-11 del nº 706:

> Y, sin cantar los pájaros, en cada
> hoja se escucha, alborozado, un río.
>
> ...Allí estarán, allí estarán, Dios mío,
> estas cosas que evoco –ya sin nada
> de lo que a mí me tuvo y que fue mío.

El título del nº 710 en el autógrafo es «Verbo y palabra».

El encabezamiento originario del nº 711 era más escueto:

> Letanía monótona y monocorde de un milagro ingenuo.

Existe también una versión primitiva de los tercetos de «Esta espalda de Dios» (nº 703):

> Cómo le acorta el huelgo y le confunde,
> cómo, compacta opacidad, le abruma
> esta ausencia de Dios, este reverso
>
> o espalda de la luz; cómo le hunde,
> sombra despavorida, entre la bruma
> en que se esfuma y pierde el Universo.

Entre los sonetos 712 y 713, J. J. D. envió a la imprenta otros dos: «Dices pronuncias...», que posteriormente sería recogido en PyFI, p. [33], y «Mal bululú...», que ya había sido publicado, con distinta puntuación, y una variante (v. 12, sombra en vez de mugre), en Perpetuo arraigo. Transcribimos el primero y la dedicatoria del segundo, que aparece tachada en el original y no figura en PA:

DICES, PRONUNCIAS...

(Homo sapiens: homo insipiens)

> DICES, pronuncias, grave, que «la nada»
> es el final de «todo». Sutileza
> cortante, que te quita la cabeza,
> de tanto qué pensar mal habitada.

Bien. Tu persona, ya descabezada,
nos repite su falta de entereza
y, desprovista de copete, empieza
a decirse y sentirse despejada.

«¿Qué quiere decir *todo*? ¿Todo? Nada.
Nada. ¿Dónde está *todo*? ¿La belleza,
el bien y la verdad?» ¡Alambicada,

filosófica mente sin cabeza
o remate, y sin duda, rematada
por tantos quebraderos de cabeza!

«Mal bululú de frases sin acento»:

A un versiculador, de la familia de los fólidos, que nos amuela con su único
molar tuberculoso, y que de vez en cuando saca sus uñas retráctiles.

El lema del nº 718 comenzaba en un principio:

«No pocos ilusos –irremediablemente apolíneos– imaginan... *etc.*»

*Antes del nº 729 había dos sonetos más (por tanto, eran 33 los
poemas que componían* El extrañado *primitivo); ambos se inclu-
yeron en* PyFI, *pp. [29] y [27]. El segundo lleva fecha de diciembre
de 1957 en el manuscrito:*

Voz ácida, acre voz, acerbamente
sorda; verbo sañudo y corrosivo...
No se me muere todo lo que vivo.
Dios es verdad y vida sin poniente.

Miente tu agria saliva; miente, diente
reticente y cobarde, tu incisivo,
tremendo y fatal odio sin motivo.
Calla. Al morir se nace enteramente.

Dios es. Es Dios. Dios es, eternamente
vivo, quietud del tiempo fugitivo,
hondo permanecer que el alma siente.

Vida que fluye, cerca del arribo,
se manumite el alma, inmensamente
liberta, y ya sin sombras, del cautivo.

> *Panta rhei.*
> HERÁCLITO

> *Nuestras vidas son los ríos...*
> JORGE MANRIQUE

DEL alto manantial –apenas mío–,
que es albura radiante, de nevero,
baja su transparencia mi señero
caer sin torcedura ni extravío.

Y soy un río más, tan sólo un río
–agua andariega y dulce, de cimero
origen– que te busca en el estero,
donde llega tu sal de donadío.

Y se dice morir –se dice, en frío
desembocar de voz, en usadero
decir– al nacer súbito del río.

...Y no desciende, sube del venero
cimero, salta a ti –ya casi mío,
mi río–, para ser mar verdadero.

Damos a continuación las fechas que hemos podido conocer gracias al autógrafo:

692. México, 1954.
694. 16 de marzo de 1957.
695. noviembre de 1954.
696. noviembre de 1954.
697. noviembre de 1954.
698. 14 de noviembre de 1956.
699. noviembre de 1954.
700. diciembre 1949? - enero 1950?
701. noviembre 1955-1956.
702. 25 de abril de 1956.
704. 30 de septiembre de 1949.
706. noviembre de 1954.
707. 26 de mayo de 1956.
708. 28 de mayo de 1956.

Índices

ÍNDICE TOPOGRÁFICO
DE POEMAS IMPRESOS*

* La primera cifra indica el nº de orden que el poema tiene en nuestra edición. Tras las siglas de cada obra se señala el número de página en que aquel aparece. En redonda figura el libro o publicación periódica de donde tomamos el texto del poema; en cursiva, por orden cronológico, todos los demás testimonios que conocemos, a excepción de las antologías colectivas.

50. DPE 66
51. DPE 67
52. DPE 69. *PE1922* 39. *PC* 25. *PE1940* 20
53. DPE 70
54. DPE 71
55. DPE 72
56. DPE 73
57. DPE 74
58. DPE 79
59. DPE 79
60. DPE 82
61. IS 7. *PE1922* 44. *PC* 31
62. IS 8. *PE1922* 48. *PC* 32
63. IS 9. *PE1922* 49. *PC* 32
64. IS 10. *PE1922* 50. *PC* 33
65. IS 11. *PE1922* 51
66. IS 12. *PE1922* 52
67. IS 14. *PE1922* 54. *PC* 34 (vv. 5-24). *PE1940* 27 (vv. 5-28)
68. IS 16. *PE1922* 56. *PC* 34 (vv. 1-8). *PE1940* 27 (vv. 1-8)
69. IS 18. *PE1922* 58
70. IS 20. *PE1922* 60. *PC* 35. *PE1940* 29
71. IS 21. *PE1922* 61. *PC* 36
72. IS 23. *PE1922* 63. *PC* 37
73. IS 25. *PE1922* 65. *PC* 38
74. IS 27. *PE1922* 67. *PC* 39
75. IS 29. *PE1922* 69. *PC* 40
76. PE1922 95
77. *Pl1. PE1922* 106. CA 18. *PC* 45. *PE1940* 35
78. *Pl1. PE1922* 108. CA 20
79. *PE1922* 109. CA 22. *PC* 46. *PE1940* 36
80. *PE1922* 110. CA 24. *PC* 46. *PE1940* 38
81. *Pl1. PE1922* 112. CA 26
82. *PE1922* 114. CA 28. *PC* 47. *Nac1. PE1940* 39. *APEC* 433
83. *PE1922* 116. CA 30. *PC* 48. *PE1940* 41
84. *PE1922* 117. CA 32. *PC* 49

85. *Pl3. PE1922* 118. CA 34
86. *PE1922* 120. CA 36. *PC* 49. *PE1940* 42
87. *Pl1. PE1922* 122. CA 38. *PC* 50
88. *Pl3. PE1922* 123. CA 40
89. *Pl3. PE1922* 124. CA 42
90. *PE1922* 125. CA 44
91. *Pl1. PE1922* 126. CA 46. *PC* 51. *PE1940* 43
92. *PE1922* 128. CA 48. *PC* 52. *PE1940* 47
93. *Pl1. PE1922* 129. CA 50. *PC* 52. *PE1940* 44
94. *Pl1. PE1922* 130. CA 52. *PC* 53. *PE1940* 45
95. *Esp6.* CA 54. *PC* 54
96. *Pl3.* CA 58
97. *Esp7.* CA 60
98. *Esp8.* CA 64
99. *Esp8.* CA 66
100. Esp 1. CA 70. *PC* 55. *PE1940* 48. *APEC* 434
101. *Esp3.* CA 72
102. *Esp2.* CA 74. *PC* 56. *PE1940* 49
103. CA 76
104. CA 78
105. CA 80
106. CA 81
107. CA 82
108. CA 84
109. CA 85. *PC* 56. *PE1940* 50
110. CA 88. *PC* 59. *PE1940* 53
111. CA 89. *PC* 59. *PE1940* 54
112. CA 90. *PC* 60. *PE1940* 54. *APEC* 434
113. CA 91. *PC* 60. *PE1940* 55
114. CA 92
115. CA 93
116. CA 94
117. CA 95
118. CA 96. *PC* 61. *PE1940* 56
119. CA 97
120. *PE1922* 82. CA 100

188. CA 202. *PC* 87
189. CA 203
190. CA 203
191. CA 203. *PC* 88
192. CA 204. *PC* 87
193. CA 204. *PC* 87. *PE1940* 86
194. CA 204. *PC* 87. *PE1940* 86
195. *PE1922* 136. CA 204. *PC* 87. *PE1940* 86
196. *PE1922* 136. CA 205. *PC* 88
197. CA 205. *PC* 88. *PE1940* 87
198. *PE1922* 137. CA 206. *PC* 88. *PE1940* 87. *APEC* 435
199. *PE1922* 137. CA 206. *PC* 89. *PE1940* 88
200. *PE1922* 138. CA 207
201. *PE1922* 138. CA 207
202. *PE1922* 138. CA 208. *PC* 89
203. *PE1922* 139. CA 208. *PC* 89. *PE1940* 89
204. CA 208
205. CA 209. *PC* 89
206. CA 210
207. CA 210. *PC* 90
208. CA 210
209. CA 211. *PC* 90
210. *PE1922* 139. CA 211
211. *PE1922* 139. CA 211
212. *PE1922* 140. CA 212
213. *PE1922* 140. CA 213
214. *PE1922* 141. CA 213
215. TF 9. *PC* 93
216. TF 14. *PC* 96. *PE1940* 95. *PoesEsp1*
217. TF 15. *PC* 96. *PE1940* 96
218. TF 19. *PC* 98. *PE1940* 99
219. TF 20. *PC* 98. *PE1940* 100
220. TF 22. *PC* 99. *PE1940* 101
221. TF 27. *PC* 103. *Nac1. PE1940* 102
222. TF 29. *PC* 104. *PE1940* 103
223. TF 31. *PC* 104. *PE1940* 104
224. TF 32. *PC* 105
225. TF 34. *PC* 105

226. TF 35. *PC* 106
227. TF 36. *PC* 106
228. TF 37. *PC* 107
229. TF 39. *PC* 108
230. TF 41. *PC* 108
231. TF 43. *PC* 109. *PE1940* 112
232. TF 47. *PC* 113. *PE1940* 109
233. TF 48. *PC* 113. *PE1940* 110
234. TF 49. *PC* 114. *PE1940* 110
235. TF 50
236. TF 51. *PC* 114. *PE1940* 111
237. TF 52. *PC* 114
238. TF 53. *PC* 115
239. TF 57. *PC* 115. *Nac1. PE1940* 105
240. TF 59. *PC* 116. *PE1940* 113
241. TF 61. *PC* 117. *PE1940* 114
242. TF 65. *PC* 121. *PE1940* 115
243. TF 67
244. TF 68. *PC* 122. *PE1940* 116
245. TF 70
246. TF 71
247. TF 72
248. TF 73
249. TF 75
250. TF 79. *PC* 125. *PE1940* 117
251. TF 81. *PC* 126. *PE1940* 119
252. TF 82. *PC* 126. *PE1940* 119
253. TF 83. *PC* 127. *PE1940* 120
254. TF 85. *PC* 128. *PE1940* 121
255. TF 89. *PC* 131. *PE1940* 125
256. TF 92. *PC* 132. *PE1940* 127
257. TF 94. *PC* 133. *PE1940* 128
258. TF 96. *PC* 134. *PE1940* 129
259. TF 98. *PC* 134. *Nac1. PE1940* 130. *APEC* 435
260. TF 100. *PC* 135. *PE1940* 131
261. TF 102. *PC* 136. *Nac1. PE1940* 132
262. TF 104. *PC* 137. *PE1940* 133. *APEC* 436
263. TF 106. *PC* 137. *PE1940* 134
264. TF 107. *PC* 138. *PE1940* 135
265. TF 108. *PC* 138. *PE1940* 135

340. *RevOcc1.* M 86. *PC* 232. *PE1940* 186. *APEC* 438. *RevOcc2*
341. M 87. *PC* 233. *PE1940* 190
342. M 88. *PC* 233
343. *RevOcc1.* M 89. *PC* 233
344. M 90
345. M 91
346. *RevOcc1.* M 92. *PC* 234. *Nac1.* *PE1940* 191. *RevOcc2*
347. PC 237. *PE1940* 195. *APEC* 439
348. *Sol1.* PC 237
349. *Sol1.* PC 238. *PE1940* 198
350. *Sol1.* PC 238
351. PC 238. *PE1940* 196
352. PC 239. *PE1940* 197
353. *Sol2.* PC 245. *PE1940* 209. *APEC* 439
354. PC 246. *Nac1.* *PE1940* 211
355. PC 249. *PE1940* 215
356. PC 253. *PE1940* 217
357. PC 258. *PE1940* 226
358. PC 261
359. PC 263. *PE1940* 229
360. PC 264
361. PC 264. *PE1940* 231, 232, 233 (vv. 21 y ss.)
362. PC 267. *PE1940* 235
363. PC 268
364. PC 270. *PE1940* 236
365. PC 275. *PE1940* 241. *APEC* 440
366. PC 277. *PE1940* 244
367. PC 278. *PE1940* 246
368. PC 279. *PE1940* 254
369. *HdE.* PE1940 199
370. *HdE.* PE1940 200
371. *HdE.* PE1940 201
372. *HdE.* PE1940 202
373. *HdE.* PE1940 203
374. PE1940 204
375. *SEI.* PE1940 249
376. *SEI.* PE1940 250. *Nac2*

377. PE1940 251. *Nac2*
378. PE1940 252
379. PE1940 253
380. D 25. *Poesía* 21
381. D 26. *PA* 12. *Poesía* 22
382. D 27
383. D 28. *Poesía* 23
384. D 29
385. D 30
386. D 31. *Poesía* 24
387. D 32. *PA* 12. *Poesía* 25
388. D 33. *PA* 13. *Poesía* 26
389. D 34. *Poesía* 27
390. D 37. *PA* 104. *Poesía* 31
391. D 38
392. D 39
393. D 40. *PA* 104. *Poesía* 31
394. D 41. *PA* 105. *Poesía* 32
395. D 42. *PA* 105. *Poesía* 32
396. D 43. *PA* 106. *Poesía* 32
397. D 44
398. D 45
399. D 46
400. D 47. *PA* 106. *Poesía* 33
401. D 48. *Poesía* 33
402. D 49
403. D 50. *PA* 107. *Poesía* 33
404. D 51. *Poesía* 34
405. D 52. *PA* 107. *Poesía* 34
406. D 53
407. D 54
408. D 55. *Poesía* 35
409. D 56. *PA* 108. *Poesía* 35
410. D 57. *PA* 108
411. D 58
412. D 59. *Poesía* 35
413. D 60
414. D 61. *PA* 109. *Poesía* 36
415. D 62. *Poesía* 36
416. D 63. *Poesía* 36
417. D 64
418. D 65. *PA* 109. *Poesía* 37
419. D 66. *Poesía* 38
420. D 67. *Poesía* 37

509. PdS 68. *PA 34*. *Poesía 83*
510. PdS 69. *PA 34*. *Poesía 84*
511. PdS 70. *Poesía 85*
512. PdS 71
513. PdS 72. *Poesía 86*
514. PdS 73. *Poesía 87*
515. PdS 74
516. PdS 75. *Poesía 88*
517. PdS 76. *PA 35*. *Poesía 89*
518. PdS 77
519. PdS 78
520. PdS 79
521. PdS 80
522. PdS 81
523. PdS 82. *Poesía 90*
524. PdS 83
525. PdS 84
526. PdS 85. *Poesía 91*
527. PdS 86
528. PdS 87
529. PdS 88. *PA 36*
530. PdS 89
531. PdS 90. *PA 36*. *Poesía 92*
532. PdS 91
533. PdS 92. *PA 37*. *Poesía 93*
534. PdS 93
535. PdS 94. *PA 38*. *Poesía 94*
536. PdS 95
537. PdS 96. *PA 38*. *Poesía 95*
538. PdS 97
539. PdS 98
540. PdS 99. *PA 39*. *Poesía 96*
541. PdS 100. *Poesía 97*
542. PdS 101
543. PdS 102
544. PdS 103
545. PdS 104. *PA 40*
546. PdS 105
547. PdS 106
548. PdS 107. *PA 40*. *Poesía 98*
549. PdS 108. *PA 41*. *Poesía 99*
550. PdS 109
551. PdS 110. *PA 42*
552. PdS 111. *PA 42*

553. PdS 112. *Poesía 100*
554. PdS 113
555. PdS 114
556. PdS 115. *PA 43*
557. PdS 116. *PA 44*. *Poesía 101*
558. PdS 117. *Poesía 102*
559. *Romance*. 3EJ 17
560. 3EJ 59. *PA* 84 (vv. 61-241, 469-564). *EyOP* 41. *Poesía 107*
561. *TEJ* 13. 3EJ 85. *PA* 94 (vv. 178-225). *Poesía 129*
562. *TEJ* 35. 3EJ 99. *PA 96*. *CuA2*. *Poesía 135*
563. *TEJ* 47. 3EJ 107. *Poesía 140*
564. EU 11. *PA 44*. *Poesía 151*
565. *RevInd*. EU 12. *PA 45*. *Poesía 152*
566. *RevInd*. EU 13. *PA 46*. *Poesía 153*
567. EU 14. *PA 46*. *Poesía 154*
568. *CuA1*. EU 15. *PA 47*. *Poesía 155*
569. *CuA1*. EU 16. *PA 48*. *Poesía 156*
570. *RevInd*. EU 17. *PA 48*. *Poesía 157*
571. EU 18. *Poesía 158*
572. EU 19. *Poesía 159*
573. EU 20. *PA 49*. *Poesía 160*
574. *RevInd*. EU 21
575. EU 22. *PA 50*. *Poesía 161*
576. EU 23. *PA 50*. *Poesía 162*
577. EU 24. *PA 51*. *Poesía 163*
578. EU 25. *PA 52*. *Poesía 164*
579. EU 29. *PA 52*
580. EU 30. *PA 53*
581. EU 31
582. EU 32. *PA 54*
583. *CuA1*. EU 33. *PA 54*
584. *CuA1*. EU 34. *PA 55*
585. EU 35. *PA 56*
586. EU 36. *PA 56*
587. EU 37. *PA 57*

638. *LasEsp. PA* 72. SD 23. *Caff.* 23. *Poesía* 206. *SDyOP* 28

639. *LasEsp. PA* 73. SD 24. *Caff.* 24. *Poesía* 207. *SDyOP* 29

640. *LasEsp. PA* 74. SD 25. *Caff.* 25

641. *LasEsp. PA* 76. SD 26. *Caff.* 26. *Poesía* 208. *SDyOP* 30

642. *LasEsp.* SD 27. *Caff.* 27

643. *PA* 80. SD 28

644. *PA* 79. SD 29. *Caff.* 28. *Poesía* 209. *SDyOP* 31

645. *PA* 80. SD 30. *Caff.* 29. *Poesía* 210. *SDyOP* 32

646. SD 31. *Caff.* 30. *Poesía* 211. *SDyOP* 33

647. SD 32. *Caff.* 31

648. SD 33. *Caff.* 32. *Poesía* 212. *SDyOP* 34

649. SD 34. *Caff.* 33

650. SD 35. *Caff.* 34. *Poesía* 213. *SDyOP* 35

651. *LasEsp. PA* 66. SD 36. *Caff.* 35. *Poesía* 214. *SDyOP* 36

652. *LasEsp. PA* 81. SD 37. *Caff.* 36. *Poesía* 215. *SDyOP* 37

653. SD 41. *Caff.* 49. *Poesía* 219. *SDyOP* 41

654. SD 42. *Caff.* 48. *Poesía* 220. *SDyOP* 42

655. SD 43. *Caff.* 50. *Poesía* 221. *SDyOP* 43

656. *LasEsp. PA* 74. SD 44. *Caff.* 51. *Poesía* 222. *SDyOP* 44

657. *LasEsp. PA* 72. SD 45. *Caff.* 52. *Poesía* 223. *SDyOP* 45

658. SD 46. *Caff.* 53. *Poesía* 225. *SDyOP* 47

659. SD 47. *Caff.* 54. *Poesía* 226. *SDyOP* 48

660. SD 48. *Caff.* 55. *Poesía* 224. *SDyOP* 46

661. *LasEsp. PA* 77. SD 49. *Caff.* 56. *Poesía* 227. *SDyOP* 49

662. SD 50. *Caff.* 57

663. *LasEsp. PA* 75. SD 51. *Caff.* 58. *Poesía* 228. *SDyOP* 50

664. SD 55. *Caff.* 61. *ABC3. Poesía* 231. *SDyOP* 53

665. SD 56. *Caff.* 62. *Poesía* 232. *SDyOP* 54

666. SD 57. *Caff.* 63. *Poesía* 233. *SDyOP* 55

667. SD 58. *Caff.* 64. *Poesía* 234. *SDyOP* 56

668. SD 59. *Caff.* 65. *Poesía* 235. *SDyOP* 57

669. SD 60. *Caff.* 66. *Poesía* 236. *SDyOP* 58

670. SD 61. *Caff.* 67. *Poesía* 237. *SDyOP* 59

671. SD 62. *Caff.* 68. *Poesía* 238. *SDyOP* 60

672. SD 63. *Caff.* 69. *ABC2. Poesía* 239. *SDyOP* 61

673. *LasEsp. PA* 117. SD 67. *Caff.* 82

674. *LasEsp. PA* 118. SD 68. *Caff.* 83

675. *LasEsp. PA* 119. SD 69. *Caff.* 83

676. SD 70. *PA* 121. *Caff.* 84

677. SD 71. *Caff.* 84

678. *PA* 120. SD 72. *Caff.* 85

679. *LasEsp. PA* 120. SD 73. *Caff.* 85

680. 9Sy3R 29. *Poesía* 243. *SDyOP* 65

681. 9Sy3R 30. *Poesía* 244. *SDyOP* 66

682. 9Sy3R 31. *Poesía* 245. *SDyOP* 67

683. 9Sy3R 32. *Poesía* 246. *SDyOP* 68

684. 9Sy3R 33. *Poesía* 247. *SDyOP* 69

685. 9Sy3R 34. *Poesía* 248. *SDyOP* 70

ÍNDICE DE TÍTULOS
DE POEMAS Y PRIMEROS VERSOS*

* Los títulos de poemas aparecen en letra cursiva; los primeros versos, en redonda.

ÍNDICE DE POEMAS
PROCEDENTES DE MANUSCRITOS

ÍNDICE DE LÁMINAS

ÍNDICE GENERAL

VOLUMEN I

DEL POEMA ETERNO
(1917)

DE CATORCE BRAZOS

RITMOS ÍNTIMOS

LOS NOCTURNOS

EL SILENCIO DOLOROSO

IRIS: A LA VOZ INTERIOR

LAS PALABRAS DEL FIN

LAS INTERROGACIONES DEL SILENCIO
(1918)

DE

POESÍAS ESCOGIDAS
(1916-1921)
(1922)

DE NEURASTENIA (1918-1921)

LA CORPOREIDAD DE LO ABSTRACTO
(1929)

CAPRICHOS

ESTAMPAS

ESPEJOS

OTROS POEMAS

EUTRAPELIAS MITOLÓGICAS

EN LA MUERTE DE UNA MUJER
QUE NO LLEGÓ A LOS TREINTA AÑOS

LA VOZ NEGRA
(SONETOS)

SÁTIRAS MINÚSCULAS, PALABRAS, NOTAS

EL TACTO FERVOROSO
(1929-30)
(1930)

ESPEJOS

SIGNOS

MARGEN
(1933)

MARGEN

VOCES REMOTAS

INCISO DE OTOÑO

AZAR DE PALABRAS

DE
POESÍAS COMPLETAS
(1915-1934)
(1936)

VOLUMEN II

DE
POESÍAS ESCOGIDAS
(1915-1939)
(1940)

DE NUEVAS DÉCIMAS (1933-1939)

DE ELEGÍAS BARROCAS (1933-1939)

DESTIERRO
(1942)

SONETOS

DÉCIMAS CONCÉNTRICAS Y EXCÉNTRICAS

BURLAS Y VERAS CASTELLANAS

PASIÓN DE SOMBRA

(ITINERARIO)

(1944)

TRES ELEGÍAS JUBILARES
(1946)

EXUL UMBRA
(1948)

REZAGOS DE SOMBRA

LA VIDA ACERBA

EVOCACIONES

DÉCIMAS DE SOMBRA Y LUZ

DOS CANCIONES Y UN EPITAFIO

DE
PERPETUO ARRAIGO
(1939-1949)
(1949)

LA SOMBRA DESTERRADA
(1950)

PASOS DE SOMBRA

EL PASADO

EL DOLOR

APÉNDICES

ÍNDICES

ESTE LIBRO
SE TERMINÓ DE IMPRIMIR
EL DÍA 30 DE JUNIO DE 1995.

CM
CLÁSICOS MADRILEÑOS

Títulos publicados